销售公开课
MASTER
OPEN COURSES
顶尖销售大师教你如何做销售

刘士杨 著

吉林摄影出版社

图书在版编目（CIP）数据

销售公开课 / 刘士杨著 . -- 长春：吉林摄影出版社，2019.8

ISBN 978-7-5498-4180-6

Ⅰ.①销… Ⅱ.①刘… Ⅲ.①销售 – 方法 Ⅳ.① F713.3

中国版本图书馆 CIP 数据核字 (2019) 第 168360 号

销 售 公 开 课
XIAOSHOU GONGKAIKE

著　　　者	刘士杨
出 版 人	孙洪军
责任编辑	李　彬
封面设计	李运星
开　　本	710mm×1000mm　1/16
字　　数	280 千字
印　　张	18
版　　次	2019 年 8 月第 1 版
印　　次	2019 年 8 月第 1 次印刷
出　　版	吉林摄影出版社
发　　行	吉林摄影出版社
地　　址	长春市净月高新技术产业开发区福祉大路龙腾国际大厦 A 座 17 楼
	邮编：130117
网　　址	www.jlsycbs.net
电　　话	总编办：0431-81629821
	发行科：0431-81629829
印　　刷	北京时捷印刷有限公司

ISBN 978-7-5498-4180-6　　　　　定价：49.80 元

版权所有　侵权必究

前 言

翻开本书，你可以看到一连串熠熠生辉的名字：

平均每天卖一幢房子，3 年内赚到 3000 万美元，27 岁就已成为千万富翁，全世界一年内销售最多房屋的房地产销售员，房地产销售吉尼斯世界纪录保持者，被美国媒体誉为"国际销售界的传奇冠军"——汤姆·霍普金斯。

15 年共销售 13001 辆雪佛兰汽车，连续 12 年保持平均每天销售 6 辆的世界纪录，荣登吉尼斯世界纪录大全销售第一宝座，被誉为"世界上最伟大的推销员"——乔·吉拉德。

23 岁走上保险销售之路，36 岁业绩全日本第一，45 岁后连续 15 年保持全日本业绩第一，59 岁成为美国百万圆桌俱乐部成员，65 岁成为美国百万圆桌会议终身会员的"推销之神"——原一平。

此外，还有"创造性销售大师"戴夫·多索尔森、"国际大师级的推销员领袖"弗兰克·贝特格、"销售天王"金克拉、"世界冠军推销员"马里奥·欧霍文等。

这些销售大师的光辉业绩世人皆知，他们的成功经验被全世界亿万人士推崇，他们被公认为世界上最优秀的销售员的典范。

你要走的路，他们早已走过；你迷茫的、痛苦的、找寻的，他们早已有了答案。他们的成功经验已然为后来者开辟出了一条通往成功的光明之路。

无论你是销售行业的老手，还是刚入行的新手，无论你销售的是保险、房地产还是证券、汽车或其他产品，无论你面对的是专业的买主还是闲逛的客户，无论你是通过面对面销售还是电话销售，都可以从他们身上学习到独特的理念、丰富的知识、灵敏的思维和精湛的技巧。

　　站在巨人的肩膀上，你也可以成为巨人。这些超级销售明星的经验和智慧可以让你少走弯路，迅速找到通往成功的捷径，成为销售高手。

　　从这里出发，你将踏上充满惊喜的世界！

本课程的亮点

　　本课程囊括了当今世界上的顶尖销售大师的独门秘笈，是他们一生实战经验的精华。通过本课程，你不用挤破脑袋上商学院，也不用花费巨额课程费学艺，只需短短一个多月时间，足不出户就能学习最经典的销售成功案例。

　　本课程提供的销售策略具有典型性、代表性和普遍适用性，能帮助你举一反三地掌握销售的实用技巧。任何销售人都可以从大师们身上学到精湛的销售绝学，成为销售高手。

　　从某种意义上说，这些大师的销售已经超越了狭义的范畴，他们销售的不仅仅是产品，更是他们的思想、信仰以及理念。即便你不是做销售工作，也能通过这些方法在任何场合推销自己的所长。

　　本课程按照销售的 5 个阶段架构，结构清晰明快，内容简洁精炼，涵盖了销售的各个环节，以及销售中最常遇到的难题。还提供了大量实用工具、互动游戏、趣味知识以及阶段测试，带你在轻松阅读的同时提升自我。

目录
DIRECTORY

第一阶段
销售员的自我修炼 | 1

 第1讲　哈维·麦凯：为自己所做的事业而骄傲 | 2

 第2讲　戴夫·多索尔森：永远坚信美好的事情将会发生 | 5

 第3讲　金克拉：在失败中站起来并坚持下去 | 9

 第4讲　金克拉：拥有被客户讨厌的勇气 | 12

 第5讲　马里奥·欧霍文：要为成功寻找方法 | 16

 [阶段测试] 你是否具备优秀销售员该有的积极心态呢？ | 19

 第6讲　乔·吉拉德：好形象是块敲门砖 | 21

 第7讲　原一平：没有人会拒收你的微笑 | 24

 第8讲　金克拉：用富有感染力的声音吸引客户 | 26

 第9讲　汤姆·霍普金斯：立即行动 | 30

 [阶段测试] 你是否具备优秀销售员该有的性格特质呢？ | 32

第二阶段
如何挖掘客户 | 35

 第10讲　凯斯·费拉兹：事前精心准备，做大量的调查 | 36

 第11讲　杰·亚伯拉罕：经常跟重要的人进行有意义的沟通 | 40

 第12讲　乔·吉拉德：发名片，随时随地推销自己 | 43

 第13讲　罗杰·道森：如何迅速赢得客户的信任 | 46

 第14讲　柴田和子：向客户表明他们在你的心中很重要 | 52

 第15讲　汤姆·霍普金斯：不要歧视任何一位客户 | 55

[阶段测试] 销售前的准备工作，你做得充分吗？ | 57

第16讲　汤姆·霍普金斯：抓住与客户通电话的机会 | 59

第17讲　金克拉：上门推销要给客户留下好印象 | 62

第18讲　雷蒙·A．施莱辛斯基："请给我5分钟" | 66

第19讲　河濑和幸：少说"欢迎光临" | 69

第20讲　乔·甘道夫：用不同凡响的开场白抓住客户 | 72

第21讲　原一平：用幽默缓和客户的抵触心理 | 77

第22讲　金克拉：如何应对态度粗暴的客户 | 79

[阶段测试] MBTI职业性格测试 | 81

第三阶段
与客户的情感共鸣 | 87

第23讲　河濑和幸：恭敬地把传单一张张递出去 | 88

第24讲　金克拉：聊点儿与销售无关的话题 | 90

第25讲　博恩·崔西：挖掘出客户感兴趣的话题 | 93

第26讲　乔·吉拉德：引导客户写下他们的所有想法 | 97

第27讲　原一平：给客户讲讲与产品有关的独特而有趣的话题 | 99

第28讲　雷蒙·A．施莱辛斯基：巧妙地设计提问，没人会拒绝开口 | 102

第29讲　弗兰克·贝特格：通过一连串提问问出客户的需求 | 105

第30讲　乔·吉拉德：在提问中给客户一个肯定的选择 | 109

[阶段测试] 销售中的沟通能力测试 | 111

第31讲　金克拉：对自己的产品要有信心 | 114

第32讲　汤姆·霍普金斯：帮客户解决实实在在的问题 | 117

第33讲　弗兰克·贝特格：拿事实证据给客户看 | 120

第34讲　金克拉：让客户明白产品的价值 | 122

第35讲　金克拉：挖掘和解决已经存在的需求 | 125

第36讲　汤姆·霍普金斯：不必把产品的缺陷当作秘密 | 127

第37讲　博恩·崔西：体验后，让客户把感觉说出来 | 130

第38讲　弗兰克·贝特格：不要当着客户的面诋毁竞争对手 | 133

第39讲　乔·吉拉德：公司的声誉是强有力的卖点 | 135

[阶段测试] 讲解和示范产品的能力的测试 | 136

第40讲　博恩·崔西：关心客户，让客户对你有亲近感 | 139

第41讲　马里奥·欧霍文：让客户在第一时间喜欢你 | 141

第42讲　原一平：让客户得到应有的尊重 | 144

第43讲　柴田和子：站在客户的立场上为他们考虑 | 147

第44讲　博恩·崔西：为客户的切身利益着想 | 150

第45讲　乔·吉拉德：不要浪费客户的宝贵时间 | 152

第46讲　金克拉：学会用能浸透人心的语言 | 154

[阶段测试] 销售员的性格潜能测试 | 157

第四阶段
快速成交的秘诀 | 163

第47讲　乔·吉拉德：把假定成交贯穿始终 | 164

第48讲　博恩·崔西：一开始就把订单放在客户面前 | 167

第49讲　乔·吉拉德：拒绝通常是颗烟雾弹 | 169

第50讲　罗杰·道森：别接烫手的山芋 | 174

第51讲　戴夫·多索尔森：从拒绝理由入手寻找突破口 | 177

第52讲　柴田和子：巧妙地越过面前的障碍 | 180

第53讲　柴田和子：找准能够拍板的关键人物 | 184

第54讲　弗兰克·贝特格：请证人来说服客户 | 186

[阶段测试] 销售员的专业能力的测试 | 188

第55讲　乔·吉拉德：在占有很多优势的主场谈判 | 194

第56讲　罗杰·道森：谈判中要尽力平衡双赢 | 195

第57讲　乔·吉拉德：不应当把销售变成争论或战斗 | 198

第58讲　罗杰·道森：运用"黑脸/白脸策略"破冰 | 203

第59讲　罗杰·道森：掌握恰当的时机向对方施压 | 207

第60讲　河濑和幸：客户拿不定主意时，推荐几种选择 | 213

第61讲　罗杰·道森：对不同性格的客户采取不同的谈判策略 | 215

[阶段测试] 测试并了解你的心理素质和应变能力 / 219

第62讲　乔·吉拉德：不要急着和客户谈价格 | 221

第63讲　乔·吉拉德：主动报出合理的低价 | 223

第64讲　罗杰·道森：对买家的出价故作惊讶 | 225

第65讲　金克拉：还价，可以用利益分割法 | 227

第66讲　罗杰·道森：一点点蚕食对方的利益 | 230

第67讲　罗杰·道森：还价的幅度要越来越小 | 233

[阶段测试] 菲尔人格测试 / 235

第68讲　罗杰·道森：对方要求让步，应该索要回报 | 239

第69讲　乔·吉拉德：敏锐地捕捉客户发出的成交信号 | 241

第70讲　乔·吉拉德：即将成交时不要说节外生枝的话 | 244

第71讲　乔·吉拉德：关键时刻帮助客户做决定 | 246

第72讲　乔·吉拉德：先让客户把产品带走再谈成交 | 249

[阶段测试] 把握签单机会的能力的测试 / 251

第五阶段
成交后，下一次销售才刚开始 | 255

第73讲　博恩·崔西：成交之后，客户就是你的资源 | 256

第74讲　汤姆·霍普金斯：人人都可以成为你的客户 | 258

第75讲　乔·吉拉德：不要得罪任何一位客户 | 261

第76讲　雷蒙·A．施莱辛斯基：让客户帮助你去销售 | 262

第77讲　杰·亚伯拉罕：将已停止向客户推销的活动重新启动 | 266

第78讲　杰·亚伯拉罕：为产品和服务"加码" | 270

第79讲　乔·吉拉德：服务、服务，还是服务 | 274

第80讲　乔·甘道夫：和客户一起成长 | 277

[阶段测试] 成交之后，你的工作是否做得到位？/ 278

第一阶段
销售员的自我修炼

第1讲
哈维·麦凯：为自己所做的事业而骄傲

观点直读

哈维·麦凯：为自己所做的事业感到骄傲——做出自己真正为之骄傲并充满信心的产品或服务，不但可以支撑你的自尊，还会让客户给予你正面回应。这很重要，因为你的自尊程度越高，就越能与人相处，最后当然是自己也看得起自己。

热爱你从事的职业

哈维·麦凯认为，成功的起点是要热爱自己从事的职业。

也许在很多人眼中，销售员这个职业并不体面，甚至有些卑微。

别人怎么看是别人的事，关键在于你自己的态度。即便你是挖地沟的，如果你喜欢，如果你为之骄傲，将来一样能成为优秀的建筑师。如果你觉得干这份工作低人一等，那么你很难干好它。

对工作没有热情，做起来也就不会全身心投入，这样完成的工作，质量肯定不高，最终也是业绩平平，工资和奖金当然不会高。如此恶性循环，你就会越来越不喜欢这份工作，最后只能和这份工作说"拜拜"了。

只有迷恋工作、热爱工作，你才能长期坚持干下去，一以贯之，无怨无悔。

大师素描

哈维·麦凯

麦凯信封公司董事长，人际关系大师，全球五大演说家之一，美国最抢手的商业代言人之一，被《财富》杂志誉为"万能先生"。他还是《纽约时报》畅销书作者，其作品《攻心为上》和《口渴之前先挖井》曾入围《纽约时报》15本最佳自我成长书。

强迫自己喜欢这份工作

世界著名的调查公司盖洛普咨询公司做了一次雇员敬业度调查。调查结果表明,在大多数受访者心中,工作场所都是"悲惨和绝望的黑洞",仅有极少数的受访者表示工作得很快乐。这说明,能有幸从事自己感兴趣的工作的人寥寥无几。

当然,如果能够碰上一份自己喜欢的工作,那是值得庆幸的事。如果碰不上怎么办?那就强迫自己去喜欢它。即使做不到很快就热爱这份工作,你至少也要把"厌恶工作"这种负面情绪消除。只要保持积极的心态,每个人及其周围的世界都会向着美好的方向发展。控制或消除负面情绪的方法是试着倾注全力先把眼前的工作做好。

案例链接

美国"汽车销售大王"乔·吉拉德最初也没想到自己会干汽车销售员这份工作。当时他身负巨额外债,一家人的温饱问题都无法解决。换句话说,他并不是因为喜欢汽车销售这份工作才去干的,而是为生计所迫。当时,他的心里只有一个念头:为了家人能有饭吃,我一定要干好这份工作。

乔·吉拉德出生于美国底特律市,父亲是四处打零工的移民者,生活困顿。在他出生不到一年时间,华尔街股市突然大崩盘,影响层面甚至扩张到全球经济,造成美国的失业率疯狂飙升至25%。在经济大萧条时代成长,他的童年常常是有一餐没一餐。

为了贴补家用,他16岁就放弃了学业,选择直接进入职场。但是,当时的他只能从事一些需要耗费大量体力的工作。每天辛苦赚钱,只为了填饱肚子,似乎永无翻身之日。就这样一个工作接着一个工作……他换了40多份工作,在35岁时,仍旧一事无成。他不仅身上没有多少钱,还积欠了6万美元的巨额债务。

当时的乔·吉拉德跌入了人生的谷底。

"我自认为我是全世界最糟糕的失败者!"

走投无路的他,只能厚着脸皮拜托他的好友,帮自己求得一份汽车销售员的工作。

他意识到自己已经不能再失败了。因为他心里非常明白,自己并无耀眼学历，又缺乏一技之长，随着岁数的增长，许多依靠体力才能胜任的工作就再也不会要他了。如果他不希望家人继续过挨饿受冻的日子，他就只能紧紧抓住眼前这个唯一的机会，他必须强迫自己去喜欢销售这份工作。

在这种信念的支撑下，他全身心地钻研业务，随着自己销售业绩的增长，开始喜欢并逐渐深爱上这个职业。由爱生发动力，最终他在这个很多人看不起的岗位上达到了常人难以企及的高度。

在工作中寻找快乐

要想拥有充实的人生，你只有两种选择：一种是从事自己喜欢的工作，另一种是让自己喜欢上工作。热爱自己的本职工作，意味着要千方百计的在工作中寻找快乐，给"喜欢"注入新的动力。当工作进展顺利时，你要直率地表达出快乐；当做出成果并受到领导褒奖时，就要诚挚地表示感谢。你要将这种喜悦和感动当作精神食粮，投入到后续的工作中。

有句俗话叫"干一行爱一行"。不管从事哪个行业，干什么工作，首先要付出足够的热情，"投之以桃，报之以李。"只有热爱自己的工作，你才能干好它，才能干出成绩。

我们每天都会听到有一些销售员发牢骚——"客户太小气了"、"客户太难搞定了"，抱怨自己工作不如意，甚至毅然辞职或申请调换岗位。但是，换工作或岗位后就如意了，就没有这些烦恼了吗？不可能。没有哪份工作会让人完全地称心如意，也没有哪份工作一定可以顺顺利利地做下去。因此，我们该考虑的不是如何找到一份自己称心如意的工作，而是如何热爱自己现在的工作。

哈维·麦凯认为不管从事什么工作，首先要树立正确的职业态度，学会调整自己的工作心态。

观点图解

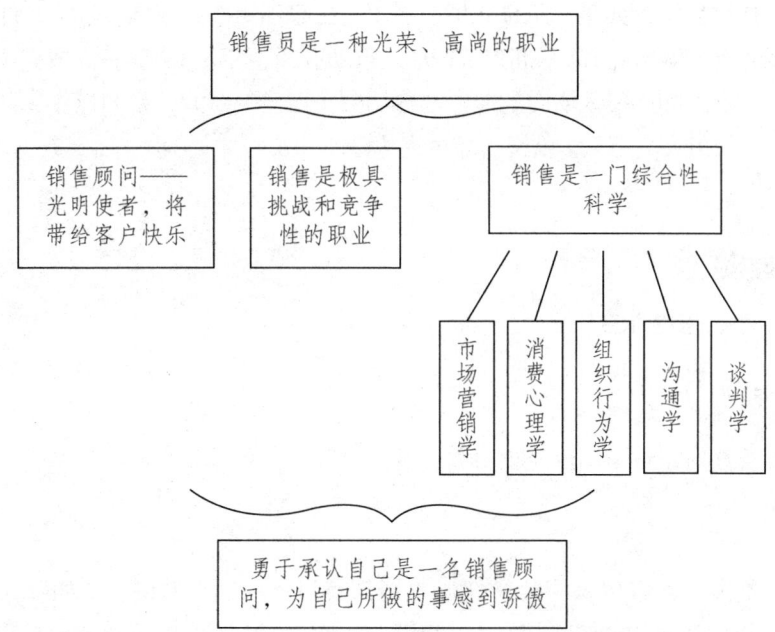

第2讲
戴夫·多索尔森：永远坚信美好的事情将会发生

观点直读

戴夫·多索尔森：如果你有99%想要成功的欲望，却有1%想要放弃的念头，那么你可能就没有获得成功的机会。你要坚信，一切皆有可能。

乔·吉拉德：你认为自己行，就一定行。每天都要不断地重复这个观点。

行动之前，多给自己正面的心理暗示

无论从事哪个行业，做什么工作，只有坚信自己一定能够成功，你才会真的成功。

在销售中，如果你总是想把产品卖出去是不可能的事情，那么，你心中就会有障碍和压力，从而无法行动或行动迟缓，结果就真的不能成交了。

反之，如果投入所有的专注与热情去干自己的事业，尽力抓住、利用好每一个机会，那么，就没有理由失掉订单。

大师素描

戴夫·多索尔森

美国著名销售专家、培训大师。在一次销售中，尽管他被拒绝了52次，但是这52次中，他每次都会把新的销售创意提供给客户，终于在第53次的时候拿到了订单。他提出的"创造性销售"概念风行一时，被誉为"创造性销售"的创始人。

戴夫·多索尔森深信做任何事情都有可能成功。他说："如果你有99%想要成功的欲望，却有1%想要放弃的念头，那么你可能就没有获得成功的机会。你要坚信，一切皆有可能。"

所以，在没有行动之前，要多给自己正面的暗示。

案例链接

创建于1927年的布鲁金斯学会以培养世界上最杰出的销售人员著称于世。在每期学员毕业的时候，老师都会设计一道考验销售员能力的实习题。完成任务的学员会获得一只刻有"最伟大的推销员"的金靴子。

小布什当政期间，布鲁金斯学会给学员出了一道题目：将一把有点钝的旧斧头销售给小布什总统。

对于绝大多数的学员来说，这是不可能完成的任务。但是，一个叫乔治·赫伯特的学员出色地把这把斧头卖给了小布什。

人们问他是怎么做到的，他说其实很简单，只是给总统写了一封信："尊敬的总统先生，有一次，我有幸参观了您的农场，那是我有生以来见过的最美丽的农场,但是我在那些郁郁葱葱的高大的树木之间发现一些已经枯死的矢菊树。我想,您一定需要一把斧头砍掉这些枯树。当然,照您现在的体格,用一把很锋利的斧头显然不过瘾,因此您可能更适合用一把不太锋利的旧斧头。现在,我手里正好有一把这样的斧头,是我祖父留给我的,非常适合您。如果您感兴趣,请回复。"两周后,总统给他汇去了15美元,买了他的旧斧头。

乔治·赫伯特成功了。其实他也没有使用什么特殊的销售方法,他之所以能够取得成功,是因为他认为没有什么是不可能的。正如布鲁金斯学会在表彰他时所宣称的:我们一直想寻找这么一个人,这个人不因有人说某个目标不能实现而放弃,也不因某件事难以办到而失去信心。

戴夫·多索尔森经常会对他的学员讲乔治·赫伯特把斧子卖给总统的故事。也许这个故事是激励他不断进取并最终取得成功的动力吧。

自信的人能创造奇迹

美国"汽车销售大王"乔·吉拉德总在自己的衣服上佩戴一枚胸章,上面有一个金色的"1"。有人说他这是有意在向别人炫耀自己是世界上最伟大的推销员。

"不,"他解释说,"这只是在提醒自己——我是我生命中最伟大的!因为没有人会和我一样,我就是我自己最大的财富。即便没有指纹,人们也能从人群中识别我。我的声音与众不同,我的气息也有别于他人……"

正是这种自信成就了乔·吉拉德。

案例链接

乔·吉拉德去汽车销售公司应聘销售员时,经理哈瑞问他:"为什么你觉得自己能够胜任销售工作呢?"哈瑞不太乐意聘用没有汽车销售经验的人。

"我销售过其他产品——报纸、鞋油、房屋、食品,但人们真正买的是我,我是在推销自己,哈瑞先生。"

"现在正是严冬,是销售淡季,假如我雇用了你,我会受到其他销售员的责难。再说也没有一间有暖气的房间给你用。"哈瑞显得很为难。

"我不要有暖气的房间，只要一张桌子、一部电话，两个月内我将打破您这儿最佳销售员的纪录。"

乔·吉拉德信心十足。这是何等的自信！正如他所言："一切由我决定，一切由我控制，一切奇迹都要靠自己创造。"

这份自信打动了哈瑞，他雇用了乔·吉拉德。乔·吉拉德就在楼上的角落里，用一张破旧的桌子和一部电话开始了自己的新事业，并在短短两个月内创造了超过公司所有销售员的业绩。

正是这份自信使乔·吉拉德在他15年的销售生涯中创造了多项至今都无人能破的世界纪录：

平均每天销售6辆车；

最多一天销售18辆车；

一个月最多销售174辆车；

一年最多销售1425辆车；

共销售了13001辆车；

连续12年被《吉尼斯世界纪录大全》评为世界零售第一。

自信给了乔·吉拉德战胜困难、创造奇迹的力量。

"你认为自己行，就一定行，每天都要不断地重复这个观点。"乔·吉拉德说："在我的生活中，从来没有不，也不应该有。不，就是也许；也许，就是肯定。我不会把时间白白送给别人。所以，要相信自己一定会卖出去，一定能做到。你需要思考的是自己能做到，自己一定会梦想成真，这些都是非常重要的自我肯定。impossible（不可能），去掉im，就是possible（可能）了。要勇于尝试，尝试之后你会发现，你能够做到的，连你自己都会感到惊异。"

自卑的人总认为自己比不上别人。如果你开始怜悯自己，就是开始给自己挖坟墓。如果把人生比作一艘船，那么船长就是你自己，而不是别人。

要想成功，就要认定自己永远都是最棒的。就像乔·吉拉德那样，每天早晨都对自己说："I'm No.1."

请相信，戴夫·多索尔森和乔·吉拉德能做到的，你也一样能够做到。

对话大师

与列斯·布朗面对面

您用过的最有效的销售技巧是什么?

我用过的最有效的销售技巧是在第一眼看见客户的时候就努力告诉自己这笔交易已经做成了,你这时的眼神会流露出促使销售成功的光芒。

您能举例说明一下您是怎样将这个技巧运用到现实生活中的吗?

每当你在相信自己和怀疑自己之间游移不定的时候,你必须将怀疑扼杀掉,因为你必须有积极的心态和坚定的信念。

您最想给有志于成为出色的销售员的人什么建议呢?

最重要的一条:在无休止的工作中学着去爱自己。

第3讲
金克拉:在失败中站起来并坚持下去

观点直读

金克拉:什么叫成功?无非是你这次没有失败。

坚持就一定能成功

金克拉的第一份工作是销售收银机。

当时他缺少经验,对自己没有信心,工作的第一个月连一台机器都没卖出去。他觉得自己的前途一片暗淡,有些茫然不知所措。还好,老板不但没有责怪他,还鼓励他:"没关系,你只是还没有走得足够远罢了,继续努力吧。"

老板的这句话给了金克拉坚持下去的信心,对他以后取得辉煌的成功起到了巨大的促进作用。

此后，金克拉每天出门前都会对自己说："如果今天五点以前还没有找到客户，那就继续找，直到六点钟，如果有必要可以一直找到九点钟商店关门。在你行走的范围内一定有人买你的东西，只要你努力去寻找他们。发现他们并不需要天赋，只需要你不停地找，并与人交谈。"

后来，当他磨破一双鞋子的时候，终于找到了第一位客户。他的销售方式很笨拙，谈不上有什么技巧，只是向人家如实介绍了产品的性能及一些更便捷的使用方法，仅此而已。

生意成交后，客户说的一番话让金克拉记忆犹新："本来我们暂时并不需要这台机器，但我从你身上看到了一种精神、一种生活态度，你的真诚让我不忍拒绝。"

大师素描

金克拉

1926年出生于美国，从名不见经传的销售员，一直做到全美国公认的"销售天王"。后来他以自己的经历，向人们传授销售经验，最后成为风靡全球、改变无数人一生命运的演讲大师。曾荣获全美演讲家协会影响力大师奖、国际主持人金槌奖和卡弗特奖。

别把失败归罪于客观条件

很多销售员会把交易失败归罪于客观条件。由于所谓的条件限制，许多人就认定自己难以改变命运。一旦消极情绪占了上风，失败也会成为必然。

案例链接

有一次，金克拉应邀去密歇根州某房地产经纪人委员会举办的午餐聚会上演讲。演讲之前，他与坐在身边的一位先生闲谈。

当谈到生意时，这位先生一个劲儿地抱怨："太糟糕了，人们连鞋子、衣服、汽车甚至食品都不买，当然也不会买房子。我好长时间连一座房子也没卖掉，真不知道怎样才能履行合同的约定，如果罢工不尽快结束，我就要破产了。"

他将生意不好都怪罪到了通用汽车公司的罢工事件上。

坐在金克拉旁边的一位夫人不同意他的说法,"你知道,金克拉先生,通用汽车公司正在罢工,所以生意好极了,简直是个奇迹。几个月来,人们第一次有了空闲时间为布置理想中的家去逛商店买东西。"她微笑着说。

"为什么?"金克拉有点儿迷惑,刚才那位先生为此愁眉不展,而她却为此庆幸。

"有些人可以花半天时间看一幢房子,他们从小阁楼一直检查到隔热层。他们测量每一英寸面积,从厕所、壁橱到房屋地基,无一放过。我甚至碰到过一对夫妇自己查找地界线。这些人知道罢工总有一天会结束,他们对美国经济有信心,最重要的是他们知道现在买房子比以后再买要便宜。这样一来,生意确实很兴隆。"

一些人由于罢工而破落,另一些人却因此发了财。面对同样的外部条件,这两类人的态度却大相径庭。

金克拉认为,生意好坏从来不是由外界条件决定的,而是由我们的大脑决定的。

我们不应该怨天尤人,而应该多反省——自己为什么会失败?

题外链接

美国某研究机构的一项研究显示:在销售中,最初努力后的不成功,几乎能令一半的销售员放弃。请看以下统计数据:

48%的销售员找过一个客户之后就不找了。

25%的销售员找过两个客户之后就不找了。

15%的销售员找过三个客户之后就不找了。

12%的销售员找过三个客户之后会继续找下去。

而80%的业绩是由这12%的销售员创造的。

这12%的销售员成功的秘诀就是"继续找下去"。

这就是"坚持"。

第 4 讲
金克拉：拥有被客户讨厌的勇气

观点直读

> 金克拉：几乎没有人能够避免销售拜访带来的焦虑感和兴奋感。让焦虑感服务于你，而不是与你作对，这样完全可以克服销售拜访中的胆怯。

金克拉调查发现，在销售中，84%的销售员存在怯场的情形。

一般来说，销售中的怯场表现在三个方面：害怕面对陌生人、恐惧打电话和恐惧拜访客户。

害怕面对陌生人

销售中害怕面对陌生人，其症结主要集中在不自信上。只要销售员学会了旁若无人地"仰望"或"俯视"，就能够真正战胜恐惧。而这种状态来自于自信。

金克拉认为，建立自信心最好的办法是认识自己真正的实力。回想任何与你有关的成功经历，用脑海中的"视频播放器"反复播放自己取得成功的画面。另外，你要知道，没有人能在一生中取得百分之百的成功，他们都像你一样也会犯错误，你肯定不是表现最差的那一个。每当自卑感袭来的时候，就想想自己曾经的辉煌时刻，想想同样也会犯错的客户，这样你的心结就打开了。

还有一个方法是转移关注点。如果你仅仅把关注的焦点放在赚钱养家上，就会太在意得失，无形中给自己过大的压力，同时也会加剧自己的焦虑感。正确的做法是把自己的关注点集中在客户身上——你是为了帮助他们用上更好的产品，得到更好的服务。这样你就会充满激情和力量，也就不再胆怯了。

恐惧打电话

电话是销售员的有力助手。有效利用电话这个工具，你的销售将会更加出色。但很多销售员害怕使用电话进行销售。

金克拉认为，恐惧打电话的最主要原因是在打电话之前未能找准目标。在打电话之前，你要先确定自己为什么要打这个电话。他说："你是要做一次市场调查，确定一次约会，还是开展销售活动？只有当你的脑海中出现了非常清晰的画面时，你微笑着拨号时的意图才会被严格地确定下来。"

如果是打电话给企业客户，最合适的时间是早上6：30、7：00或7：30，因为在这些时候客户的精神很饱满，通常很愿意耐心聆听。还有一个原因是他们对跟他们一样有敬业精神的人有好感。

如果客户的时间很紧迫，你就不要匆忙地描述产品，因为在这种情况下，你由于紧张，难免会遗漏一些重要细节，这会导致对方仓促做出拒绝你的决定。最好的办法是你再预约一个时间，然后准时给他们回电话。

如果你在电话里听到对方翻纸的唰唰声或一些嘈杂的声音，说明客户没有认真听你讲。这时你要敏锐地察觉到客户说了什么和没说什么。在开始打电话的前几秒钟，你就应该设置好场景，调整好心情，并营造很好的沟通气氛，因此你应该制订计划。

金克拉说："要想成功，你必须制订计划，必须提前做好准备。你必须记住，如果没有为成功做准备的决心，想要成功就是空谈。你每天的计划、每周的计划、每月的计划、每年的计划和职业规划是什么？我从来没有遇到过不想以最少的时间和精力卖出更多产品的销售员。只有你做了充分的准备并努力了，才有可能做出更好的销售业绩。"

恐惧拜访客户

金克拉认为，克服拜访客户的恐惧，最重要的方法是制定常规时间表，在每天的同一时间点联系客户，在该拜访的时候毫不犹豫。记住，定好开始的时间，就一定要在那个时间过去。

无论当天工作到多晚，都应该在第二天的同一时间点拜访客户。虽然这样做在一定时期内可能不会取得多大的收效，但是，一旦坚持下来，你的业绩就会有很大的提高。

金克拉强调，销售拜访中的怯场是一种负面的情绪，而行动会缓解这种情绪，因此你要赶快行动起来。

自我激励

多读一些关于成功者的故事。金克拉说："成功者的故事会让你产生一种情感共鸣，这些共鸣能让你更富激情和活力。如果你经常得到一定的激励，就会变得更健康、更快乐、更有成就感。"

常和自己正面对话。例如，你要经常提醒自己是胜利者，身负重任；你要思考，当你打电话给某个客户时，他为什么愿意听你说，等等。当你这样思考、自问并回答过之后，就会充满活力和信心。

此外，要想获得精神上的胜利，还要通过穿着打扮让自己更自信。即使你在没有人看得见你的地方工作，也要通过恰当的着装，让自己看起来很精神。你的面部表情、心理状态以及声音，都会因此发生变化。

行动起来，养成习惯，只要你在工作中保持良好的心态，就能离成功越来越近。

观点图解

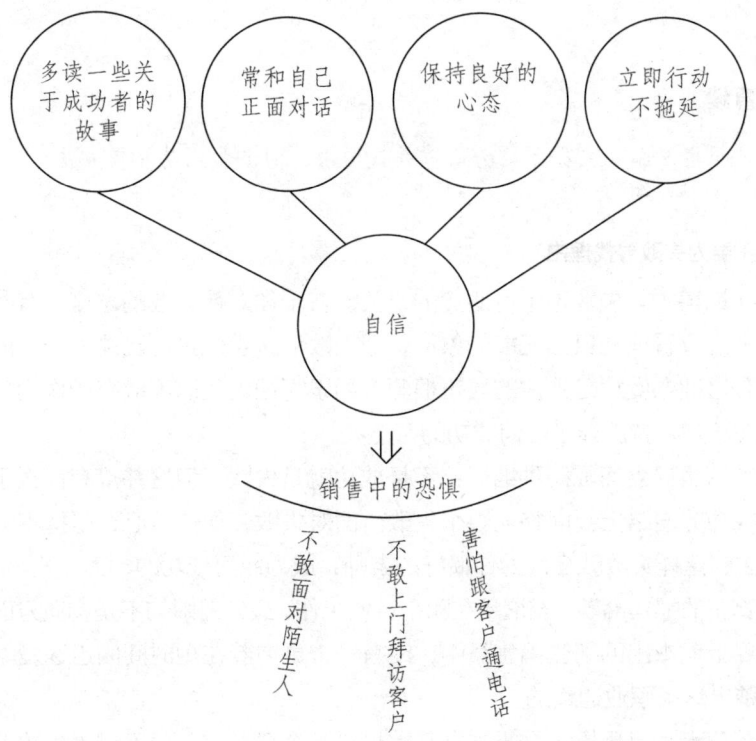

第5讲
马里奥·欧霍文：要为成功寻找方法

观点直读

马里奥·欧霍文：不要为失败寻找理由，而要为成功寻找方法。

不要为失败寻找理由

在销售中，失败是不可避免的，关键在于你对待失败的态度。有些销售员把失败看成是自己无能的象征，把失败记录看成是自己能力低下的证明，有这种态度才是失败的真正根源。如果害怕失败而不敢有所作为，那就是在一开始就放弃了任何成功的可能。

销售员只会面临两种结局：不是成功就是失败。但这并没有什么了不起，成功的道路上会面临无数个失败。面对失败，保持信心，坚持不懈地干下去，这样失败就会成为你最好的老师，成为取得成功的动力。

真正的销售高手，无论是在哪个行业工作，最先着眼的不是物质方面。在世界上最杰出的那些销售员中，没有一个是抱着在短时间内迅速发财的心态踏上这条职业道路的。

销售大师马里奥·欧霍文刚开始也是一个普通人，只不过是失败的次数多了，最终成就了他过人的实力与能耐。正因为秉持积极的态度，才造就了他的杰出。

大师素描

马里奥·欧霍文

德国人，世界顶尖销售大师，销售咨询培训专家。曾连续三次获得"世界冠军推销员"殊荣。

要为成功寻找方法

案例链接

马里奥·欧霍文在1972年的时候进入了一家企业。他的职务是业务管理部专员。头衔好听,但具体工作很辛苦。

这一点,老板一开始就让马里奥·欧霍文震惊了。

一上班,老板把他叫到办公室,交给他250份其他销售员从来没碰过的"死资料",上面是些看起来没有多大价值的"无用客户"的信息,说:"利用这些资料做出点成绩来!干我们这一行,如果没有实际销售经验,我是不会放你去管理业务部门的!"

当时的马里奥·欧霍文对于如何去销售没什么概念。

本来他应聘的职位是业务管理部专员,现在却成了销售员。他非常不理解地跟老板辩解。

老板沉默了一会儿,语重心长地对他说了一句话:"要想在爬山比赛中得胜,必须先好好把那座山认识清楚。"然后老板转身走出了办公室。看着老板的背影,马里奥·欧霍文气得差点儿跳起来。

有什么办法呢?既来之,则安之吧。

他平复了一下心情后开始整理那堆资料。他照着地址弄了三天,排出了拜访客户的时间表,地区从汉堡到慕尼黑,纵贯整个德国。

三天后,马里奥·欧霍文开始去拜访客户。

他选的前三家客户都在离他的家乡不远的乌帕尔塔地区。幸运的是这三次拜访很顺利。

拜访第一家客户时,在和男主人谈话的过程中他就发觉,这家的决策者是他的太太,所以他设法使他的太太加入了他们的谈话。最终,马里奥·欧霍文说服了他的太太,成功销售了产品。

第二个客户是乌帕尔塔一家工厂的老板。言谈间,听他不经意地提起他的弟弟有工厂一半的经营权。于是马里奥·欧霍文把他的弟弟引入讨论,最终他获得了订单。

第三家客户同样没费多少周折就搞定了。

一天之内，马里奥·欧霍文带回了三份合约——那可是总价值达70万美元的生意。

这个业绩，不仅惊呆了同事、老板，也让他自己有些不可思议——成功竟然来得如此容易！

当时的那份激动、那份骄傲，他一辈子也忘不了。

这个伟大的胜利也许有一些碰运气的成分，但马里奥·欧霍文更相信是自己努力的结果。

他说："我一开始就实践了一位优秀销售员应牢记在心的事——事前完整、系统地做好规划。我在走访客户之前，就已经把此后数周的日程安排好了。没有事先安排约见，就别想谈什么签约——这个简单的道理，我很早就体会到了。

"我最初约见的那些客户，其实是从其他销售员从来没碰过的'死资料'中挖掘出来的。结果是我一头栽了进去，锲而不舍地打电话，到约定时间、上门拜访为止。

"当时，我完全是凭直觉去做。后来参加各类研讨会，才发觉自己蒙对了。我满怀自信、气宇轩昂地出发。这种登场的气势，往往能慑服客户。我尽量跟着感觉走，随着自己敏锐的判断力行事——我会销售，这个大发现使我无比快乐。

"这份成绩单使我赢得了老板的信任，让我正式坐上了预想的职位，带领销售部门，掌管销售业务。

"有人不太相信我的能力。为了改变他们的观点，我决定换个地方继续出击，这才叫真正的挑战。"结果，他用更多更大的成功给了那些人最有力的回复。

几年后，马里奥·欧霍文成立了自己的信托投资公司。

马里奥·欧霍文用自己20多年的经验告诉我们，销售是最有趣且最能让人获益的职业。所以，不要为失败寻找理由，而要为成功寻找方法。

[阶段测试] 你是否具备优秀销售员该有的积极心态呢?

拥有积极的心态对销售员来说尤其重要,它有助于你克服销售过程中遇到的困难和挫折。做一做下面的测试,看看你是否具备优秀销售员该有的积极心态。

1. 你向亲友销售过产品吗?
A. 是的,经常
B. 偶尔会
C. 从来不

2. 你向亲友销售产品时,会怎样想呢?
A. 很高兴能跟他们分享产品
B. 有时候会有点不好意思
C. 总觉得无法开口

3. 你一般会以什么价格将产品卖给朋友呢?
A. 公司统一价
B. 让利折扣
C. 免费奉送

4. 你害怕被客户拒绝吗?
A. 没关系,拒绝是正常的
B. 有时候有点害怕
C. 非常害怕被拒绝

5. 如果被客户拒绝了,你的心态是怎样的呢?
A. 一笑而过
B. 感觉有点失落
C. 心情沮丧,一蹶不振

6. 如果遭到客户质疑,你会怎样做呢?
A. 耐心聆听,细心解释

B. 找借口躲开

C. 与客户争辩

7. 如果一段时间没有出单，你会如何做呢？

A. 再接再厉

B. 怀疑自己

C. 放弃销售这份工作

8. 有人说"销售员是能轻松赚钱的工作"，你怎么看呢？

A. 一分耕耘，一分收获

B. 关键在于"人"

C. 应该很轻松

9. 你认为销售员的主要指责是什么呢？

A. 做客户的生活顾问，满足其需求

B. 卖给客户产品

C. 赚钱

10. 你认为提高销售业绩的秘诀是什么？

A. 建立忠实、稳定的客户群

B. 向尽可能多的人销售

C. 想尽办法让客户多买多用产品

在做完以上测试题后，请根据下面的评分标准为自己评分。
A.5 分；B.3 分；C.0 分

结果分析：

• 超过 45 分：说明你具备优秀销售员该有的心态，请保持。

• 30~45 分：说明你的销售心态还存在某些消极的因素，请关注相关内容，积极调整心态。

• 30 分以下：说明你的销售心态存在很大的问题，请自查弥补。

第6讲
乔·吉拉德：好形象是块敲门砖

观点直读

乔·吉拉德：推销的要点不是在于推销产品，而是在于推销自己。一个人外在的形象能反映出他独特的内涵。倘若你的外表给别人不好的感觉，你就无法成功地推销自己了。

销售的关键是先推销自己，因为如果客户不接受你，他们就不会给你机会，你也就很难达成销售目标。

你是产品与客户之间的桥梁，是与产品融为一体的。所以，你一定要让自己看起来像个好产品。

外在形象

销售员的形象不仅是他自身修养的体现，也代表着公司和产品的形象。销售员的形象就像书的封面，虽然我们根据封面无法完全判断书的好坏，但如果封面设计让人赏心悦目，我们通常愿意翻开看一看。这也是出版商之所以花时间、精力、费用在图书封面上下功夫的原因。

大家都明白，销售员良好的形象有助于他推销自己，但人们对"良好"的标准看法不一。

乔·吉拉德建议，在从事销售工作时，你不必追求穿着光鲜、打扮入时，只要着装整洁、大方、得体就可以了。对于女性销售员而言，甚至可以保守一些，一定不要穿太过暴露的衣服、化太浓的妆，也不要在身上喷洒过量的香水，这些都是会引起客户反感的负面形象，会让客户觉得你轻浮、不可靠。

除了装扮外，销售员良好的形象还包括言谈举止、神态秉性。每个人的自我形象都能通过言谈举止、神态秉性表现出来。

在开展业务的过程中，你待人接物要富有热情。如果你表现得很热情，会使客户感到亲切、自然，能够拉近彼此的情感距离。但也要把握适当的度，如果你过分热情，会使客户觉得你很虚伪，从而让他们产生戒备心，不利于顺畅地沟通。

你的举手投足要自然大方、稳重端庄，切不可缩手缩脚、扭扭捏捏，更不能毛手毛脚、慌里慌张或漫不经心。坐姿要端正，步伐要稳健，语气要平和，这样会让客户觉得你很可靠、成熟。

大师素描

乔·吉拉德

1928年出生于美国密歇根州底特律市，是美国著名的销售员。他从1963年至1978年总共推销出了13001辆雪佛兰汽车，因此被评选为"世界上最伟大的推销员"。他连续12年荣登《吉尼斯世界纪录大全》"世界销售第一"的宝座。他保持的世界汽车销售纪录——连续12年平均每天销售6辆汽车，至今无人能打破。

内在形象

乔·吉拉德特别注重和强调的一点是一定要自信。他曾多次在演讲中说："如果你把自己看作是重要人物，别人也会这么看。"

中国人喜欢谦虚，无论做什么事，总爱自谦一番，但这种习惯在销售中有时候会带来负面影响，往往会使客户怀疑你的专业水准以及你销售的产品的质量。这就好比医生在手术前对即将接受手术的患者自谦地说"我的医术一般，如果做得不好，请见谅"，躺在手术台上的患者听到这话不跑才怪。

此外，不管自己的情绪如何，当面对客户或通过电话与客户交流的时候，一定不能把坏情绪挂在脸上，也不能把它带进与客户沟通的语气里。

其实，不管是外在形象还是内在形象，归根结底是你呈现给客户的自我形象，也就是你对自己的看法和态度。

电话销售中该怎样注意形象

以上这些都是与客户约谈时需要注意的形象问题。还有一种情况也不容忽视，那就是给客户打电话时的形象。

通过电话沟通，虽然客户不能直观地获知你的着装、举止、表情等外在形象，但会通过你的声音、语言、语调等，在大脑中描摹出你的形象来。

例如，你在表达时可能会表现得唯唯诺诺、言辞闪烁、声音有些发抖……刚刚从事电话销售的销售员由于经验不足，再加上紧张，会经常出现这些现象。这样表达，客户会觉得你心虚、不自信，认为你可能在讲假话，或者认为你是外行。如此，说服客户的效果就会大打折扣。

乔·吉拉德认为，在用电话与客户交流时，一定要避免使用"可能是、应该是、也许吧"等否定或不确定的词语，措辞要简洁、专业、自信、积极、流畅，语调不能太高也不能过低；在有些时候，要态度坚决地表示肯定，而且不能有丝毫的犹豫。你的一点儿犹豫，可能会让客户认为你缺乏信心，也会影响你的专业形象。

总而言之，你的形象决定了客户能否对你有良好的印象。要想成为一名销售高手，你必须相信自己是最优秀的，也要让别人知道你很优秀。所以，你要时刻注意自己的形象。

第7讲
原一平：没有人会拒收你的微笑

观点直读

原一平：人与人在相对而坐的时候，一方一定要具备强烈地吸引对方的魅力，如果你做不到这一点，将来就没什么前途可言了。笑能把你的友善与关怀有效地传达给对方。

乔·吉拉德：当你微笑时，整个世界都在对你微笑。如果你一脸苦相，没有人愿意理睬你。

原一平其貌不扬，做保险销售前还口齿不清，更没什么人脉，可是他通过全力以赴地努力工作，最终成为世界上最伟大的推销员。
原一平成功的秘诀其实很简单，就两个字——微笑。

大师素描

原一平

在日本寿险业，原一平是个声名显赫的人物。日本有近百万名寿险从业人员，其中很多人不知道全日本20多家寿险公司总经理的姓名，却几乎没有人不认识原一平。他的一生充满传奇色彩，从被乡里公认为无可救药的"小太保"，到成为日本保险业连续15年业绩第一的"推销之神"。最穷的时候，他连坐公交车的钱都没有。可是最后，他终于凭借自己的毅力，成就了非凡的事业。59岁时，他成为美国百万圆桌俱乐部成员，后又被选为该俱乐部终身会员。

原一平的38种笑

为了能够使自己的微笑看起来更自然，并能展现发自内心的真诚，原一平曾经专门训练过。他把笑分成了38种，并苦苦练习。

这38种笑分别是：发自内心的开怀大笑；感动之余压低声音的笑；

喜极而泣的笑；交谈时取悦对方的妩媚之笑；逗对方转怒为喜的笑；感到哀伤时无可奈何的笑；安慰对方的笑；哭在心里、笑在脸上的虚伪的笑；岔开对方话题的笑；消除对方压力的笑；充满自信的笑；发愣之后的笑；表现优越感的笑；重修旧好的笑；两人意见一致时的笑；感到吃惊的笑；感觉意外的笑；嗤之以鼻的笑；折磨对方的笑；挑战性的笑；大方的笑；含蓄的笑；夸张的笑；逼迫对方的笑；装糊涂的笑；心照不宣的笑；含有下流意味的笑；热情友好的微笑；满足时的笑；被人拒绝时的苦笑；压抑辛酸的笑；无聊时的笑；话中带刺的笑；郁郁寡欢时的笑；热情的笑；冷淡的笑；自认倒霉的笑；使对方放心的笑。

他假设各种场合与心理，自己面对着镜子练习各种微笑。有一段时间，由于原一平在路上练习大笑，被路人误当作精神病患者。甚至有时由于练习太入迷，他经常半夜从梦中笑醒。

原一平认为，世界上最美的笑是从内心深处真诚的笑容，如婴儿般天真无邪，散发出诱人的魅力，令人如沐春风，无法抗拒。在从事保险销售的过程中，原一平把笑脸用到了极致。他说，当你拥有一张和善、温煦的笑脸，不管什么人看到，都会心生好感并且对你敞开心扉。

案例链接

有一次，原一平去拜访一位客户。之前，他曾了解到此人性格内向，脾气也不好。见面后发现果真如此，有时谈得正欢，这位客户却突然烦躁起来。

"您好，我是原一平，明治保险公司的销售员。"

"哦，对不起，我不需要购买保险。我向来讨厌保险。"

"能告诉我为什么吗？"原一平微笑着说。

"讨厌是不需要理由的！"他忽然将声音提得很高，显得有些不耐烦。

"听朋友说您在这个行业做得很成功，真羡慕您，如果我能在自己的行业也能做得像您一样，那真是一件很值得高兴的事。"原一平依旧面带笑容地望着他。

"我一向讨厌保险销售员，可是你的笑容让我不忍拒绝与你交谈。好吧，你就说说你的保险吧。"客户先前态度冷漠，此时情绪终于缓和了许多。

原来，他并非真的讨厌保险，而是不喜欢销售员。他说自己曾经遇到不少态度冷冰且一味地硬性推销的销售员，但是像原一平这样始终面带得体的笑容的销售员还真的不多见。于是，客户在不知不觉中受到了感染。

在之后的谈话中，当谈到彼此感兴趣的话题时，两人都会兴奋地大笑。最后，客户愉快地在保险单上签上了自己的大名并与原一平握手道别。

如果你能面带微笑，就等于告诉对方：我是心地善良的人，我是值得您信赖的人，我是您的朋友，我是值得您交往的人。当你向客户微笑时，要表达的意思是："见到您我很高兴，我愿意为您服务。"微笑如同直通人心的世界语，它能深深地打动另一颗冷漠的心灵。

有人说"原一平的微笑价值百万"，其实，任何一个销售员都可以用自己的微笑创造财富。

行动指南

原一平每次去拜访客户的时候，不是先进客户的办公室，而是先进洗手间，用力将双手搓热，然后把双手紧贴在自己的面颊上，不断往上推，直到露出8颗洁白的牙齿。当自己保持最美的笑容时，才告诉自己，可以敲客户的门了。

第8讲
金克拉：用富有感染力的声音吸引客户

观点直读

金克拉：可以毫无保留地说，最重要的销售工具之一是销售员的声音。

声音的魅力

西方沟通学家把声音称为"沟通中最强有力的乐器"。

在沟通中，声音富有感染力会使客户很快接受并喜欢你，对迅速与客户建立起亲密的关系有很大的帮助。特别是在做电话销售时效果更佳。接电话的客户无法看到你的肢体语言、面部表情，只能凭借听到的声音及其传递的信息来判断电话那头的你是否真诚，是否值得信赖，然后决定是否继续这次通话。所以，你的声音是否具有感染力是影响沟通效果的重要因素。

案例链接

美国的一家电话公司有个项目叫"声音的威力"，提供使用电话销售产品的服务。电话公司建议，你在打电话时要保持笑容，而你的笑容是由声音来传达的。

俄亥俄州辛辛那提市有一家电脑公司的经理曾经凭带着笑容的声音招募到了优秀的员工。

这位经理说："为了替公司找一位学计算机专业的博士，几乎要了我的命。最后我找到了非常好的人选，他刚从普渡大学毕业。几次电话交谈后，我知道还有其他几家公司也希望他去，而且都比我的公司规模大、有名气。当他接受这份工作时，我真的非常高兴。他开始上班时我问他，为什么放弃其他的机会而选择来我们公司工作。他停下来说：'我想是因为其他公司的经理在电话里都是冷冰冰的，商业味很重，这使我觉得好像只是一次生意上的往来而已。但您的声音听起来是带着笑容的声音，传递给我的信息是您真的希望我能够成为您公司的一员。您应该相信，我在听电话时也是笑着的。'"

如何让自己的声音充满魅力

怎样才能让自己的声音充满魅力呢？怎样才能让自己的声音听起来"带着笑容"呢？金克拉根据自己的实践，总结出了如下几个技巧。

·语调低沉明朗。语调明朗、低沉、愉快是吸引人的关键。而且你要时时注意自己的面部表情，要始终带着微笑。

·语气平和沉稳。语气是表现你心态的"晴雨表"。对销售员说话的语气的要求是：平和中有激情，耐心中有爱心，杜绝出现不耐烦的语气。

·吐字清晰、层次分明。发音要标准，吐字要清晰，表达要准确，能够让客户很容易听清楚你说的话。假如客户无法理解你的意思，你就不可能说服他们。克服这个缺点，最好的办法是在公开场合练习大声朗诵。

- 语速不要太快或太慢。你的语速太快，容易造成客户听不清楚。最好具备可以控制语速的能力，根据客户的语速来调整自己的语速。大多数销售员说话的速度都偏快。一般情况下，语速保持在60～80字/分钟比较合适。当然，如果你能够根据客户的语速来调整自己的语速，效果会更好。
- 调整说话的节奏。音调要自然平稳、抑扬顿挫，要富于变化，有高音、中音、低音之分，就如同开车有低速、中速与高速，必须依实际路况的不同而有所调整，不要太机械化。如果总是用一种音调跟所有客户讲话，就好像是用录音机播放的一样，缺少变化，缺少生气，客户就会昏昏欲睡。
- 适当停顿。停顿在交谈中非常重要，有整理自己的思维、引起对方注意、观察对方的反应、促使对方回话、迫使对方做决定等功用。高明的销售员可以做到根据客户说话的节奏来决定自己说话的节奏，从而使整个谈话非常投机、默契。停顿的频率一般是每说两句话就停顿一两秒钟较好。
- 音量要适中，不宜过大。音量的高低能够反映销售员的素养的高低，音量过高容易让客户觉得你缺少涵养，音量过低又会让客户觉得你缺乏自信。最恰当的做法是让对方能够听到你的声音即可。
- 语言与表情相配合。这样做能让你的谈话更具有感染力。
- 措辞高雅。你在交谈时的措辞如同你的仪表，对谈话的效果起着决定性的影响。对于发音困难的字词，要力求发音准确，因为这无形中会表现出你的博学与修养。
- 热情自信。只有那些从心底里热爱自己的工作、心中充满热情的人，才会魅力四射，具有非凡的影响力。同样，你只有对自己有信心，别人才会对你有信心。如果你没有发自内心地热爱自己的工作，说话就会有气无力，那么就没有人会喜欢你，没有人会对你有信心。所以，你的热情要由内而外地自然流露出来。
- 饱含情感。销售是信心的转移，是情感的传递。任何销售技巧都需要情感来支撑。影响他人的秘诀在于真诚，在你能够以真诚感动他人之前，你自己必须先充满感情。同样一句话，用不同的情感来表达，效果是不一样的。
- 简洁明了。要让客户在最短的时间内明白你要表达什么。在每次说话或打电话之前，应将自己要表达的核心内容写成提纲或打个腹稿。如果想起什么就说什么,会让对方觉得你思路不清晰,说话啰唆,那么你很有可能被对方拒绝。

行动指南

很多人认为,人的声音是天生的,很难改变。但金克拉认为,人的声音是可以后天训练出来的。怎样训练呢?

方法很简单:在自己的房间里把需要练习的话用相应的语音、语调大声地说出来,同时录下来。然后反复听自己的录音,一遍遍地调整、修正。通过这种方法可以训练你的声音,让你的说话技巧得到提升。

观点图解

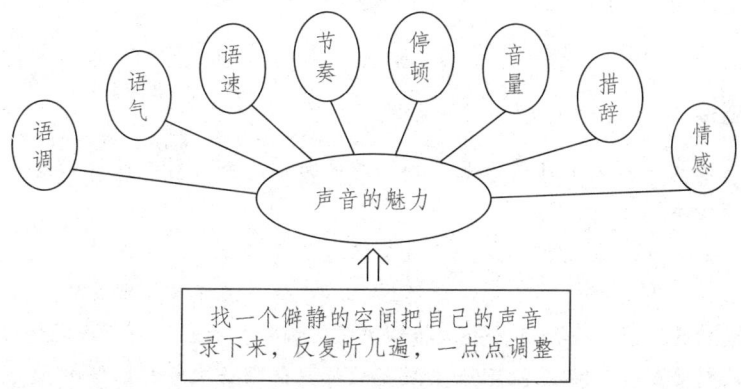

第9讲
汤姆·霍普金斯：立即行动

观点直读

汤姆·霍普金斯：我每次遇到挫折时，只有一个信念，那就是立即行动、坚持到底。成功者绝不会放弃，放弃者绝不会成功。

乔·吉拉德：每天就你的工作制订计划并尽力实现。这可能是个陈旧、老套的口号。但我认为这个口号对我们仍具有很大的价值。

汤姆·霍普金斯常说的一句话是："当我站在客户的门前时，我就会这样对自己说：'立即行动！免得犹豫不决，消磨了我的斗志和信心。'"正是靠着不断地自我激励，不断地让自己摒弃犹豫和懒惰，他才抓住了机会，一步步迈向了成功。

案例链接

当汤姆·霍普金斯的事业达到辉煌的时候，有人曾经这样问他："你成功的秘诀是什么？"

汤姆·霍普金斯回答说："我坚信自己是狮子，而不是羔羊。我的大脑里从来没有放弃、办不到、行不通、不可能、没希望这些字眼儿。坚持就有成功的可能。我知道每一次推销失败，都将增加我下一次成功的概率；每一次对方皱眉，都是他下一次微笑的征兆；每一次客户拒绝，都会让我离成交更进一步；每一次的不顺利，都将为明天的幸运带来希望。

"立即行动！立即行动！立即行动！我要一遍一遍地重复这句话，直到它成为我的习惯和本能。"

汤姆·霍普金斯早上一睁开眼睛就会对自己说这句话："马上行动！免得'再多睡一会儿嘛'占据我的脑海。"

当他出门推销时，他就会立刻开口说这句话："马上行动！免得'客户会拒绝你'占据我的思想。"

当他站在客户的门口,他也会立刻在心中默念这句话:"马上行动!免得犹豫不决,消磨了我的斗志和信心。"

功夫不负有心人,汤姆·霍普金斯在27岁那年跨进了美国千万富翁的行列。后来,他还创建了一个国际培训集团,每年还要在全球出席70多次研讨会,向全世界梦想获得巨大成功的人传授销售知识,分享自己毕生的成功经验。如今,全世界很多销售培训课程都来源于他的销售培训系统。

汤姆·霍普金斯曾连续8年获得全美国房地产销售冠军,并给无数销售员传授推销的方法。众所周知的华人成功学大师陈安之就是在他过去35年里300万学员中最优秀的学员之一。

汤姆·霍普金斯曾经负责过一次到目前为止全球绝无仅有、耗资最大的推销计划,那就是1996年亚特兰大夏季奥运会的全球推销计划,而且做得非常成功。

大师素描

汤姆·霍普金斯

世界销售训练大师,全球销售员的典范。他是世界上一年内销售房屋最多的房地产销售员,平均每天卖一幢房子,3年内赚到了3000万美元,27岁就已成为千万富翁。他一直是房地产销售吉尼斯世界纪录保持者,被美国报纸称为"国际销售界的传奇冠军"。他还被誉为"世界上最伟大的推销大师",接受过其训练的学员在全球超过500万人。

机会对每个人都是均等的,但机会往往是留给提前行动的人。你不去找客户,客户不会主动来找你。不要给自己留退路,不要说什么"以后还有机会"、"时间还比较充裕"。

无论何时,无论面临什么境况,你都应该迅速行动起来,应该集中精力看清现实,找出方法渡过难关,而不是一味地哀叹:"到哪里去找客户啊!""怎么才能搞定客户!"你行动得越快,迈开步伐改善现状的速度就越快。

这听起来像是个非常简单的解决办法,确实是这样。但是,光坐着叹气、抱怨做业务有多么艰难，又有什么用呢？事实上，如果我们沉浸在负面境遇中越久，例如销售业绩低迷、媒体恶评、丢掉了大客户、全球经济状况恶化，就会把不良影响拖延得越久——因为我们没有采取行动。

行动指南

销售员激发自身行动力的五个问题：
- 我为什么还没有采取行动？
- 不行动有什么好处？
- 长期不行动有什么坏处？
- 假如现在就行动，以后有什么好处？
- 我什么时候开始行动？

[阶段测试] 你是否具备优秀销售员该有的性格特质呢？

美国一家研究机构的研究结果表明，销售员的某些关键性格特质会直接影响其销售风格及最终业绩。以下是优秀销售员应该具备的21种特质。认真想想，你具备了多少种特质。

1. 我已经设定了目标。（是　不是）
2. 我拥有良好的自律能力。（是　不是）
3. 我属于自我激励型的人。（是　不是）
4. 我希望获得更多的知识。（是　不是）
5. 我希望建立客户关系。（是　不是）
6. 我充满自信。（是　不是）
7. 我喜欢自己。（是　不是）
8. 我关爱他人。（是　不是）
9. 我喜欢挑战。（是　不是）
10. 我渴望胜利。（是　不是）

11. 我能以积极的心态接受客户的拒绝。（是 不是）
12. 我能够处理细节问题。（是 不是）
13. 我为人忠诚。（是 不是）
14. 我充满热情。（是 不是）
15. 我遵纪守法。（是 不是）
16. 我善于倾听。（是 不是）
17. 我具有良好的感知力。（是 不是）
18. 我擅长沟通。（是 不是）
19. 我工作努力。（是 不是）
20. 我希望经济上无忧无虑。（是 不是）
21. 我坚持不懈。（是 不是）

结果分析：

如果你的回答中包括了15个以上的"是"，说明你已经具备了优秀销售员的特质。

如果"是"的个数在10个到14个之间，说明你向两极发展的可能性都存在（如果你在知识、热情、自信、感知力、自我激励和坚持方面回答了"是"，那么成为优秀销售员的可能性会更大一些）。

如果"是"的个数在10个以下，说明你不适合从事销售工作。

第二阶段
如何挖掘客户

第10讲
凯斯·费拉兹：事前精心准备，做大量的调查

观点直读

凯斯·费拉兹：出色的销售员会寻找客户的相关信息，而卓越的销售员会寻找客户内部人员的信息。

乔·吉拉德：销售是一场情报战，如果你想把产品卖给某人，就应该尽力去搜寻他们与此交易有关的情报。

收集客户的相关信息

当遇到刚认识的人时，如何把他们变成日后可以长期合作的客户呢？

销售大师凯斯·费拉兹认为，商业关系其实就是个人关系，任何销售活动都是通过公司的某个人而不是公司来完成的，因此，应重视客户信息的搜集，以求与客户尽快建立起关系。

凯斯·费拉兹还认为，无论你的目的是寻找信息还是完成销售，如果你可以了解到潜在客户的背景，并发现自己可以与他们建立起关联，也就得到了足够的机会，而这才是你之前投入精力做功课的最大回报。

在约见任何客户前，凯斯·费拉兹都要精心准备，做大量的调查功课，以求尽可能全面地了解客户的情况，例如，对他们来说最重要的是什么，他们的爱好、最得意的成就、用最饱满的热情去做的事情，还有他们上过的学校、资助过的慈善机构，也许还有他们的孩子想去哪家公司实习，以及他们对身体健康方面的考虑，甚至是他们在高尔夫球场上得意的一杆，等等。

如果对收集客户的资料这门功课做得足够好，试想，当你同客户交流时，能够叫得上他们的名字，或者能提到他们曾经获得的某项荣誉或别的什么轶事，他们会有什么反应？或者提前得知他们的购买意向，不就能够适销对路，轻易成交吗？

大师素描

凯斯·费拉兹

美国《福布斯》评选出的世界顶尖的人际关系高手之一，也是获评的最年轻的销售大师。他在加利福尼亚州创办了一家机构，宣扬的理念是：取得成功不靠运气和机会，靠的是充分的准备、周密的计划和细致的落实。

案例链接

有一次，凯斯·费拉兹在洛杉矶参加百万圆桌会议。当他得知宝洁公司前任首席执行官约翰·白波也将出席这次会议时，他希望能够与约翰·白波建立个人关系，让自己的公司上一个台阶。

他此前了解到，约翰·白波是耶鲁大学毕业的，是他的校友。于是，他开始在自己的耶鲁大学校友录中寻找线索。通过在耶鲁大学的网站上搜集信息，他在早期学院联络群以及兴趣群搜索后，发现约翰·白波也曾经在伯克利音乐学院就读。通过这些共同的背景，在之后的面谈中，他们很容易就建立起了不同寻常的关系。

建立客户资料卡

美国"汽车销售大王"乔·吉拉德同样深谙此道。乔·吉拉德认为，销售员应该像一台机器，具有录音机和电脑的功能，在和客户交往的过程中，将客户所说的话都记录下来，从中掌握一些有用的信息。

不过，他搜集情报另有一套办法——建立客户资料卡。

刚开始，乔·吉拉德通常是把搜集到的客户资料写在纸上，塞进抽屉里。后来，有几次因为没能充分整理而忘记追踪某一位客户，他开始意识到自己动手建立客户档案的重要性。他去文具店买了日记本和档案夹，把原来写在纸片上的资料全部做了记录，建立了客户档案。

他说："在建立客户的档案时，你要记下与客户有关的所有资料——他们的孩子、嗜好、学历、职务、成就、旅行过的地方、年龄、文化背景及其他任何与他们有关的事情，这些都是有用的情报。所有这些资料都可以帮助你接近客户，让你能够有效地跟客户讨论问题；谈论他们感兴趣的话题。有了这些材料，你就会知道他们喜欢什么，不喜欢什么，什么可以让他们高谈阔论、兴高采烈、手舞足蹈……只要你有办法让客户心情舒畅，他们就不会让你大失所望。"

乔·吉拉德还指出："如果你想要把产品卖给某人，不论你销售的是什么产品，都应该尽力去收集他们与此交易有关的情报。如果你每天肯花一点时间了解客户，做好准备，铺平道路，就不愁没有客户。"

有了充分的情报准备，不认识的人之间就不用浪费很多时间互相介绍，而且彼此可以立刻找到共同的兴趣爱好进行交谈。这样不仅加强了彼此的了解，还能建立起密切的关系。

乔·吉拉德以自己的一个叫史蒂文的客户为例做了进一步说明：在他向史蒂文推销汽车之前，由于他知道史蒂文现在开的是什么车，因此推知他会换什么车；了解了他的车已经开了几年，就能估计出他拥有或需要借多少钱来买新车；知道他的住址和工作单位，就可以推算出他的信贷风险有多大以及他可能去哪里借钱；了解到他想看新车的大概时间，就可以在那之前几周打电话给他。

观点图解

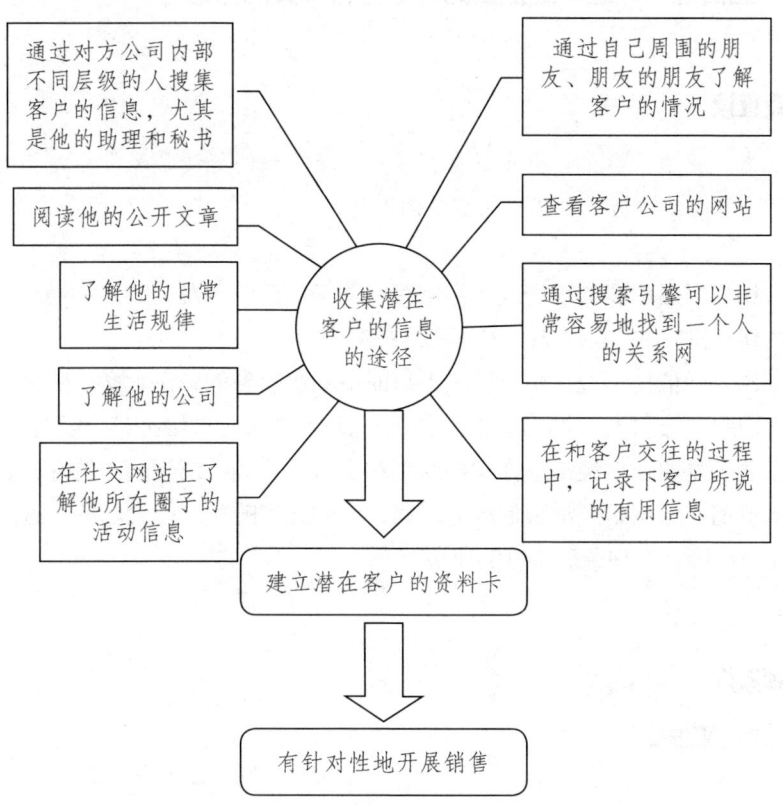

第 11 讲
杰·亚伯拉罕：经常跟重要的人进行有意义的沟通

观点直读

杰·亚伯拉罕：让生意兴隆、客户源源不绝的秘诀是经常跟重要的人进行有意义的沟通。要想抓住重要的客户，这是最简单、有效的方法。

销售员最重要的工作就是经常跟有助于自己业务发展的人沟通，这样才能建立良好的人际关系，发展和维护客户。

杰·亚伯拉罕说，由于现代人每时每刻接收到的资讯太多，所以，一些客户跟你做完生意，往往就会把你丢在脑后。假如你要维护某个重要客户，最重要的是要让他经常跟你保持联络和交流，让他经常想起你的好，想起你的价值。你越是经常跟他沟通联络，你们之间的关系就会越好。这就是让生意兴隆、客户源源不绝的秘诀。

大师素描

杰·亚伯拉罕

被誉为"世界上最伟大的商人"、"营销鬼才"、"独一无二的零售专家"。在从事营销咨询工作的 40 余年中，他创造了独特的营销方式：策略营销。他将企业面临的经营困境分为九种，通过帮助企业经营者找出独特的卖点，挖掘隐藏的资产、被忽视的机会以及被低估的可能性来提高经营业绩，扩大市场规模，使企业获得更多的财富和成功。他曾为微软、IBM、花旗银行、AT&T、通用电气、HBO 电视网、《纽约时报》、壳牌石油、丰田、美国空军等企业和机构提供过咨询服务。他曾创造过 15 个月把一家公司的营业额从 30 万美元提升到 5 亿美元的纪录。

那么，我们应该如何利用正确的沟通技巧，与客户、同事和他人保持良好的关系呢？

跟客户保持联系

跟客户沟通时，一定要以客户的利益为重。例如，你要询问客户使用产品的体验，告诉他们产品应该怎么用才更好，免费帮他们检查产品并提供养护建议，让你的产品为他们提供更多、更大的价值。

另外，与客户保持良好的沟通很重要的前提是你必须将客户视为亲密、宝贵的朋友。要真正关心他们，而不是只在乎他们的钱。客户跟你做完生意之后，你要经常打电话给他们，让他们再度想起你，想起你曾提供给他们的优惠条件，并让他们再一次确定，他们的抉择是明智的，未来你还会给他们特别优惠的条件。要让客户知道，你的优惠条件比其他竞争对手好很多。另外，售后服务是很重要的环节，可以提升客户的忠诚度，至少会减少客户退货、抱怨与投诉的概率。客户未来如果有需求，也可能会再想起你。

案例链接

杰·亚伯拉罕曾建议一位牙医经常跟病患保持联系——他帮病人做完治疗之后，会给病人打电话了解治疗的效果并记录，一星期后会再打电话询问状况，一个月后还要再打电话确认治疗的效果。

如果你碰到这样的牙医，是不是一定会觉得受宠若惊？你会觉得他关心你的程度远远超过以前的牙医，会经常想起他，而且告诉几乎所有的同事、朋友或邻居。

所以，这位牙医按照杰·亚伯拉罕说的做了之后，生意突然就好起来了。

牙医很高兴，因为这样做了以后，他跟病患的关系更深入、更密切了。他们都很感激牙医。

在杰·亚伯拉罕的印象中，跟客户沟通最好的例子就是美国运通公司。因为他经常收到美国运通公司寄来的信函、优惠券、让人惊喜的礼物、最新的信息及各项通知。在消费时，他的潜意识就会支配他用美国运通公司的卡。

几年前，一位生意冷清的脊椎指压治疗师向杰·亚伯拉罕请教生意经。杰·亚伯拉罕让他每四个月给患者寄封信，每年打两次电话，提醒病人注意生活起居，告知治疗法，而且给他提供一些免费服务。

现在的情况是想找他看病必须提前几个星期挂号。

澳大利亚有位汽车经销商按照杰·亚伯拉罕说的方式去做，结果生意比往年同期增长了20%。他也是通过打电话、寄信、亲自拜访、不断地跟客户沟通等方式实现的。

与你的同行保持联系

同行往往是对手，基于此种观念，很多销售员对同行往往采取若即若离的态度。杰·亚伯拉罕认为，其实大可不必这样，对不是跟你在同一个市场竞争的对手，可以经常打个电话、发电子邮件或者写封信，跟他们分享下经验。尤其是已经退休的同行，你应该把他们当成你的良师益友，因为他们做过你正在做的工作，知道你将面对的挑战与机遇，有丰富的经验可以分享给你。

与他人保持联系

作为销售员，不要仅仅跟客户保持联系，对任何有助于自己达成目标的人——上司、下属、雇主、邻居、亲朋好友甚至陌生人等，都应该敞开心扉交流，保持良好的联系。

总之，你跟越多的人建立良好的人际关系，就会有越多的机会之门为你而开。

行动指南

首先，将与你有关系的人分门别类：
- 新开发的客户
- 交易甚少的客户
- 有特殊购买需求的客户
- 经常购买你的产品的客户
- 一次性购买量较大的客户
- 在特殊行业工作的客户

- 独立的销售员与配销人员
- 专业人士
- 重要的供应商
- 没有直接竞争关系的同行
- 跟你的行业有关的其他公司
- 公司里重要的各级主管
- 你认识的有影响力的人物

其次，需要你仔细考虑，对每一类人应该采用哪种合适的联系方式和多大的联系频率。要记住，定期联络要比只是偶尔联络更有效；打电话就比寄信或拜访更容易。

再次，要定期执行，热心地去做，而且要把这项工作以公司制度的形式定下来。无论是企业主还是员工，照这个策略去做，都可以获得很好的效果。

第12讲
乔·吉拉德：发名片，随时随地推销自己

观点直读

乔·吉拉德：如果要我在众多推销工具中先选择一项，我可能会选择名片。

给你个选择：你可以留着这张名片，也可以扔掉它。如果你留下它，你将知道我是干什么工作、卖什么产品的，会掌握我的全部细节。

乔·吉拉德使用名片的方法与众不同：

他每次去餐厅吃饭，给服务员的小费都比别人多一点点，同时主动放上两张名片。由于他给的小费比别人的多，所以人家通常会看看他是做什么的。

看体育比赛，他会站到看台的最高处，当人们欢呼的时候，他会把一整袋、一整袋的名片下雪般地撒向观众席。

生意成交后，他会把一沓名片放在客户的新车里。就连寄支票的机会他也不放过，会在信封中放进去两张名片。

一句话，只要有机会，他就会把自己的名片送出去。

案例链接

有一次，乔·吉拉德到中国台湾演讲，著名励志演讲大师陈安之正好在此出差。对世界上最伟大的推销员乔·吉拉德仰慕已久的陈安之提前15分钟赶到会场，想一睹"推销之神"的真容。

当他到了会场时，那里已经挤满了听众。

这时，有一个会场工作人员来到他的面前问："您好，先生！请问您有乔·吉拉德的名片吗？"当他说还没有时，那人立即用双手递过来一张。在接下来的时间里，他不断接到乔·吉拉德的名片，到演讲开始之前，他的手里已经有了8张同样的名片。

演讲时间一到，七十多岁的乔·吉拉德在激昂的迪士高音乐声中跳上讲台。全场立时一片沸腾。

吉拉德环顾了一圈会场后，大声喊道："亲爱的朋友们，你们想知道我成功的秘密吗？"

"想！当然想！"

"那么，你们收到我的名片了吗？"

"收到了！"

人们一边喊，一边高举着手里的名片——都不止一张。

吉拉德看着会场内如林的手臂以及那些被高高举起的名片，笑着大声说："亲爱的朋友们，那些还不够，这里还有——"

说着，他从自己的西装口袋里掏出一把名片扬手抛向听众，然后又一把，再一把……

名片像漫天的雪花般飞向听众。听众席上一片沸腾。

"各位，这就是我成为世界上最伟大的推销员的秘诀！演讲结束！再见朋友们！"

在人们的惊愕中，乔·吉拉德跳下了讲台。

会场上静寂片刻后爆发出了雷鸣般的掌声。

狂发名片是乔·吉拉德随时随地推销自己的具体表现。据说，乔·吉拉德一个月就要发出去一万多张名片，多的时候甚至多达两三万张。通过随时随地推销自己，他的名气像滚雪球一样越来越大。越来越多的人只要买汽车，首先想到的就是乔·吉拉德。于是，找他买车的人越来越多。加上乔·吉拉德给客户提供了持续、优质的售后服务，他的业绩直线上升。可以说，小小的名片为他铺设了一条通向成功的道路。

"我要每个人都记得吉拉德，即使你今天不买车，但你有一天想买车时会记起有个乔·吉拉德，并有这个人的名片，这样我的生意便做成了。"乔·吉拉德说。

所以，从今天起，大家不要再躲藏了，应该让别人知道你，知道你所做的事情。如果连你的妻子都不知道你卖什么产品，那你注定是个失败的销售员。

主题游戏

交换名字

内容：做这个游戏的目的在于考验人们的习性。对自己的名字，任何人都是再熟悉不过了，但若临时更换名字，可能就会觉得很陌生。

方法：

1. 人数为10个人最适合。
2. 参加者围成一个圆圈坐着。
3. 围成圆圈的时候，自己随即更换成右侧相邻者的名字。
4. 以猜拳的方式决定顺序，然后按顺序提问。
5. 当主持人问"张三先生，你今天早上几点起床"时，真正的张三不可以回答，而必须由更换成张三的名字的人回答："嗯，今天早上我7点钟起床。"
6. 当自己该回答时却不回答，不该回答的人就要被淘汰。
7. 最后剩下的一个人就是胜利者。

第13讲
罗杰·道森：如何迅速赢得客户的信任

观点直读

罗杰·道森：站在客户面前的时候，你就知道你对此人有多大的控制力。有时候你极其自信，相信自己能做成这笔买卖。你也许在想：我今天觉得运气不错。有时候你的这种感觉很强烈，觉得自己有控制一切的力量，相信不做任何让步就能做成这笔买卖。你的感觉可能是客观的，因为你知道客户需要你的产品。但做买卖的时候，你的感觉经常是主观的——你有这种感觉，但你不知道为什么有。

大师素描

罗杰·道森

美国总统顾问、内阁高参，房地产公司总裁，美国POWER谈判协会创始人兼首席谈判顾问，国际首席商业谈判大师。

出色的销售员对客户具有强大的影响力，或者说有强大的控制力。这种控制力来自哪里？是如何形成的呢？

权威力

人们通常认为头衔就代表着权力。所以，名片上印着"总经理"的人就对名片上印着"销售员"的人拥有领导权。罗杰·道森在经营房地产公司的时候，特意给管理一块土地的代理人的名片上印上"管片（area）经理"的头衔。这些人反映说，自从自己的名片上印上"管片经理"以后，人们对他们的态度有了改变。

罗杰·道森说，如果你有头衔，就一定要把它印在你的名片、信笺或姓名牌上。

常言道:"我的地盘我做主。"权威力和你所处的环境有很大的关系。在你的地盘上,你占主导地位,无形中会对对方产生控制力。因此,罗杰·道森建议,如果有可能,应该让客户来找你,而不要在客户的地盘上谈生意。再例如,如果你请客户吃饭,应该到你选择的餐厅,而不是到他们想去的地方;如果你要带客户去什么地方,应该让他们坐在你的汽车里,等等。

此外,你所在的公司在市场上所处的地位也是一种权威力。例如,你可以声称你所在的公司是全球化的公司,或者是非常专业的公司。这同样对客户具有潜在的影响力。

报偿力

报偿力就是现在或将来对方能给你多少报偿,能给你带来多少利益。它是决定一个人控制能力的主要因素之一。

罗杰·道森说,当你认为别人可以给你报偿的时候,你就给了他们控制你的权力;如果你认为客户通过给你订单而让你得到报偿,你就给了他们威胁你的权力。换句话说就是你可能会因为害怕失去订单而被客户牵着鼻子走。

所以,如果你巴望甚至恳求客户买你的产品或者接受你的服务,其实你从一开始就输了这笔生意。即使他们最后决定签单,那也是杀价到让你几乎无利可图的地步。

在面对大额订单时,经验丰富的销售员可能会不为所动,坚守自己的原则并与客户周旋。

当客户试图用报偿力暗示你的时候,你要识破它而不要被客户左右。例如,客户想要你让步时,可能会突然提到下周有一笔大生意要与你谈,或者吹嘘自己的公司实力雄厚,似乎在暗示你能与他们的公司做生意是你的荣幸。这时,你就很可能被他们控制并上当。

因此,你应当经常做心理暗示,克服这种报偿力对自己的影响,并识别真实的报偿力,而不是跟着客户的思路走。

其实,你的产品能带给客户的便捷以及成本的消减同样是一种报偿力。如果你这样想,心里就没那么紧张,也就不会受制于人了。

强制力

　　强制力与报偿力正好相反，即当你知道某个人可以惩罚你的时候，他对你就有了强制力，也就是威胁、控制你的权力。例如，当交警把你拉到马路边给你开罚单或者问询你的时候，不管惩罚是否严重，你都可能会很恐惧。

　　新手经常会在报偿力和强制力的影响下遇到麻烦。第一次打电话的时候，他们往往认为每个客户都能给他们订单，或者认为客户会通过拒绝这种方式惩罚他们。更糟的情况是由于客户提出了过分的要求，一些销售员会嘲笑客户。我们知道，让客户难堪往往是对客户非常严重的惩罚。

　　罗杰·道森认为，克服强制力最有效的办法是弄清楚什么是你最恐惧的事情，然后去做这件事。时间一长，你就不觉得那么恐惧了，对自己也有了更大的自信。例如，新手可能害怕丢了1000美元的生意，而有经验的销售员不会因为10万美元的损失而被吓倒。

崇拜力

　　崇拜力，即通过坚定不移的价值观、立场或行为影响他人的力量。

　　例如，你在卖电脑，你就有足够的勇气对客户说："当然，如果您想省钱，我也希望能帮您，但不是这样的。只有达到这个配置的电脑，才能满足您的工作需要。所以，很抱歉，再少我不能卖了。"

　　当然，客户刚开始听了你的话后，可能会有些吃惊，但是如果你做了自己应该做的而且是正确的事情，就有了控制客户的权力——最终客户还是会听从你的建议。

　　假设某人不幸得了心脏病，医生告诉他需要做两次手术。病人说："我觉得一次就行了。"医生说："好吧，就一次，我们看看结果再说。"

　　面对这样的医生，哪个病人会让他拿着手术刀靠近呢？我想几乎没有人这样做。

　　当然，不要确立了标准，然后自己又去打破标准。不要告诉客户你永远不会降价，然后又降价了。那样，还不如一开始就降价。

个人魅力

你的个人魅力是一种特定的吸引力，能吸引人们喜欢并信任你。运用个人魅力的目的应该是让客户喜欢你，使他们愿意为你让步。下面是一些能够快速提升你个人魅力的小窍门。

·站直身体。个子很高的人看起来显得有智慧、自信，而且更可信，这或许是人们普遍的感受。所以，如果你站直身体，会觉得自己更自信、更冷静，而且更有控制力——这是拜访客户时需要注意的行为习惯。

·眼神接触。当我们感觉到联系已经建立起来之后，就要短暂中断与客户的眼神接触。当你感觉到时机已到的时候，稍等片刻——也许只需要十分之一秒——然后中断眼神的接触。在你初次接触目标客户或者跟别人握手的时候更要这样做。

·你的声调（不是音量）。无论是男人还是女人，如果拥有低沉、浑厚的声调，都会显得更可信，更能引起旁人的注意。

·使用劈的手势。如果你的整个手臂做出类似空手道中劈的手势，客户会觉得你"劈开"了和他们之间的阻隔，而且是以非常强势的方式。

·回答之前停顿一下。在回答任何问题之前，都要吸一口气。吸一口气造成的短暂停顿，不但会让对方跟上你的思路，还会让你的大脑有时间思考最佳答案，即使你所做的一切真的不过就是吸一口气而已。

·恰到好处的点头。有时候，你可能会像个点头娃娃一样不停地点头，可是这样做会破坏你的强大形象，也不利于自己集中注意力。你可以微笑着点一两下头表示同意。这样做，你会发现自己仍然是中心，而且能够保持注意力集中。

·笑。共享欢笑能加深彼此的联系。不要担心和客户一起由衷地欢笑会有什么不好的影响。

·自信：如果你对自己或所销售的产品没有信心，还能指望客户相信你和你的产品吗？在你要去说服客户前，先彻底说服自己，否则结果只能是失败。

·热情：如果你对自己的工作缺乏热情，基本可以断定销售会以失败告终。出色的销售员会用自己高涨的情绪感染客户，这对达成交易很有帮助。反之，如果没有工作热情，只是把这份工作当成苦差事来做，板着面孔或显出疲惫的样子，就会把这些消极情绪传染给客户。

·不断地学习：你应该不断地学习，除学习与本行业相关的知识，还必须汲取新知识、新信息，做到与时俱进。其实，很多时候做成一笔业务不仅仅靠努力，还要靠掌握的综合知识。

专业力量

当你在某个领域比别人更专业的时候，你就具有了对他们的控制力。这就是专业力量。律师和医生这两个职业通常为人们所敬佩，其原因就在于他们总是会运用别人完全不懂的行业术语，告诉你他们拥有你不懂的专业知识。

罗杰·道森说，你千万不要让客户用他们的专业力量吓住你。当客户怀疑你的专业水平的时候，你要敢说："这不是我的专业范围，但是我们的工程技术人员更了解。我可以让他们向您做详细解释。"

特别权力

特别权力就是在特定的场合赋予人们的特殊权力。例如，去邮局办事，你就得听从邮政工作人员的安排；去医院看病，你就得听从医生、护士的嘱咐。面对特殊权力，你最好尽可能体面地做些让步，这样才会给对方留下好印象。

很多年前，罗杰·道森在做房地产经纪人的时候，他的公司在加利福尼亚州一个地方建4套新住宅。一天，他们刚刚浇筑完水泥板，城建监察员来了。"你们在干什么？"城建监察员随便问道。"我们在浇筑水泥板。""等我用铅锤测量一下，签了字你们再干。"

城建监察员干得非常投入，看起来像警察执行公务。罗杰·道森让一伙人拿着铁锹挖开水泥板，以便城建监察员可以看清楚铅锤。罗杰·道森配合的态度让这位城建监察员无话可说，他签完字就走了。

信息权力

美国前国家安全顾问布热津斯基说:"谁掌握了信息,谁就掌握了权力。"

在销售活动或商务谈判中,哪一方掌握的信息多,哪一方就占有主导地位。例如,你从事的是煤炭交易工作,你对近期影响煤炭市场的信息了解得足够多,在与经销商谈判时就有了控制力。

有经验的客户常常会刻意制造信息优势以威慑销售员。例如,当客户对你说:"我们得商量商量,你能不能在走廊里等一等?我们商量好了再叫你。"你坐在走廊里,心里肯定在打鼓——他们在商量什么?你心里没底,信心就会受挫,再恢复谈判时就会很被动。

如果你能识破客户的花招,就不会有压力了。

观点图解

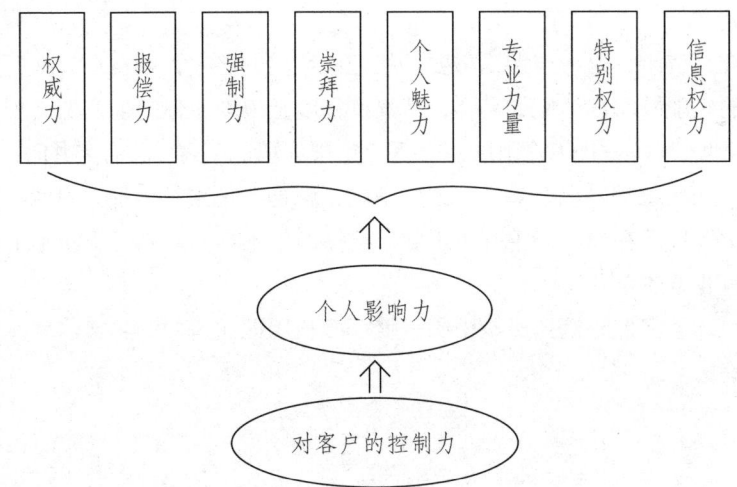

第 14 讲
柴田和子：向客户表明他们在你的心中很重要

观点直读

柴田和子：如果你能让客户觉得他们很重要，例如记得他们的名字，他们甚至会重新选择。

马斯洛的需求层次理论认为，人们最高的需求是得到社会的尊重。在销售中，如果你能满足客户的这种需求，对建立彼此之间的友好关系并促进销售成功有很大的助益。

牢牢记住客户的名字

戴尔·卡耐基说过："获得别人的好感最简单、最重要的方法是牢记他的名字。"

在销售中，这一点尤为重要。能记住客户的名字，而且在每次见到客户的时候能够叫出他们的名字，从某种程度上表现了你对他们的重视和尊重，而他们对你的好感就由此产生了。如果你忘记了客户的名字并问："请您再说一次您的姓名好吗？""对不起，您是弓长张，还是立早章？"客户会觉得自己在你的心中并不重要，当然对你不会有好感，更谈不上愿意跟你有业务往来。

日本著名保险销售员柴田和子就很擅长用记住客户的名字这种方式来助推销售。

第二阶段：如何挖掘客户

案例链接

有一次，柴田和子打电话给一家大公司的常务理事平泽先生。

平泽先生在六七年前还是一位课长，现在已出人头地，升到了财务部长的职位。虽然只见过一次面，但柴田和子不只记得他的声音，连他的名字也叫得上来。

"是平泽课长吗？我是第一生命保险公司的柴田和子。恭喜您高升了，平泽先生。"

平泽先生非常感动，后来还给太太购买了足额保险。

柴田和子认为，作为销售员，只记住对方的名字还不够，对客户的亲人也要牢记在心。

一次，柴田和子偶然遇到了20多年前的一位客户。在聊天的过程中，柴田和子问："您女儿怎么样？""您儿子读书怎么样？"

"你怎么知道他们的？"

"社长，您以前不是为他们购买保险了吗？"

"你还记得呀！那可是20年前的陈年旧事了。你可真了不起！"

这都是20年前签的单子，但柴田和子至今仍然记得客户的两个孩子，当然会令客户非常感动。虽然这是个不足为道的事，却能为她拓展新业务铺平道路。

大师素描

柴田和子

1938年出生于日本东京都。1970年，她以一位家庭主妇的身份进入日本第一生命保险公司，开始了她传奇般的保险销售生涯。1978年，柴田和子首次登上"日本保险销售冠军"的宝座，此后一直蝉联了16年冠军，荣获"日本保险女王"的称号。1988年，由于连续9年获得日本寿险销售"三冠王"而荣登该年度出版的《吉尼斯世界纪录大全》。1989年和1990年连续两年担任年度百万圆桌会议的会长。被业界称为"东方的班·费德雯"。

作为销售员，对客户的印象要清晰，例如客户长什么样，头发是长还是短,脸部表情有什么特征等。还要不断地复习和联想,在大脑中反复回忆对客户的印象,直至能在最短的时间内念出对方的名字。如果你是第二次拜访同一位客户,就更不应该问:"有人在吗?"而应该问:"××先生在吗?"如果不能完全确认对方的名字,可以试探性地问:"对不起,请问您是××先生吧?"千万不要叫错客户的名字,以免得罪客户。

不管客户是什么身份,与你关系如何,你都要努力将他们的容貌和名字牢牢记住。这会使你的销售之路更加畅通。如果你一开始就叫错了客户的名字,那接下来很有可能无法谈下去。

一份小礼物可增进感情

在销售中,一份礼物送得恰到好处,可以拉近与客户的关系,增进与客户的感情,令你的销售工作事半功倍。

柴田和子认为,礼品不在贵贱,但你的心意一定要诚,重在让客户明白你的心中有他们。

例如,她会向每一位上门的客户送上一个心形的气球,同时送上的还有一句"我喜欢你";如果客户有孩子,她会蹲下来跟孩子说话、玩游戏,并掏出一把棒棒糖送给孩子;当得知某个客户或他的家人生病住院时,她通常会送去一盆绿色的盆栽植物,或者寄一张祝福的明信片。

柴田和子送得更多的是寿司。例如,拜访一些公司时,她常常会顺便带上几盒寿司。一进去便说:"大家辛苦了。因为一年只来这么一趟,所以我特地买了这些寿司。这可不是钱的问题,而是一路捧来的心意,各位了解我的心意吧!"

"看在我这寿司的分上,还有我远道而来的这份情面上,今天不能让我空手而归吧?"

不管是记住名字还是送去礼物,目的都是向客户表明他们在你的心中很重要。总之,如果你想不被客户抛弃,就永远不要忘记客户。

第15讲
汤姆·霍普金斯：不要歧视任何一位客户

观点直读

汤姆·霍普金斯：永远都不要歧视任何一位客户。

乔·吉拉德：把"客户是来寻开心的"这句话从你的脑海中去除，因为只要你有这种想法，就无法尽全力从事销售工作。

在汤姆·霍普金斯房地产销售生涯的初期，他就得到了这样一个启示：永远都不要歧视任何一位客户。

到底是什么事让他得到了这样的启示呢？看了下面这个故事你就明白了。

案例链接

汤姆·霍普金斯曾经经历过这样一件事。

一天，汤姆·霍普金斯正在办公室里等待客户上门。没过多久，一辆破旧的汽车缓缓地驶进了办公室前的车道上，一对年老的夫妇从车上下来，相互搀扶着来到门前。

汤姆·霍普金斯立刻上前热情地迎接他们。同事杰克向他摇头并示意："别在他们身上浪费时间了。"

但汤姆·霍普金斯并没有这样做，他用对待其他客户的热情态度对待他们。认定他在浪费时间的杰克见他并不听劝，甩手离开了办公室。

"由于房子中并无别人，建筑商也已经离开了，我认为我不可能会冒犯他人，为什么不领着他们参观房子呢？"汤姆·霍普金斯心想。

当汤姆·霍普金斯带着他们参观房子时，他们以敬畏的神态看着这栋房屋内部气派、典雅的格局。4米高的天花板令他们眩晕得喘不过气来。很明显，他们从来没有进过这么豪华的住宅。虽然他们看上去确实没有购买这栋房子的能力，但是汤姆·霍普金斯很高兴自己有这个权利，可以向这对满心喜悦的夫妇展示这栋房屋。

在看完第四间浴室后,这位先生叹着气对他的妻子说:"你看,它有4间浴室。"接着他又转过身对汤姆·霍普金斯说:"多年来,我们一直都梦想拥有一栋有很多间浴室的房子。"老妇人注视着丈夫,眼眶中流出了泪水。汤姆·霍普金斯还注意到,她温柔地紧握着丈夫的手。

在参观了这栋房子的每一个角落之后,他们回到了客厅。"我们夫妇俩是否可以私下里谈一下?"这位先生礼貌地向汤姆·霍普金斯询问道。

"当然。"汤姆·霍普金斯说。

5分钟之后,他们走向汤姆·霍普金斯。这位老先生满脸笑容地把手伸进了外套口袋中,从里面取出了一个破损的纸袋。然后他在楼梯上坐下来,慢慢地从纸袋里拿出一沓沓钞票,堆在楼梯上。

原来这位老先生是达拉斯市一家旅馆餐厅的领班。多年来,夫妻俩省吃俭用,硬是攒了一大笔钱。

谁能想到,这样一对穿着朴素的夫妇会有这么多钱,能买得起这栋大房子。

汤姆·霍普金斯认为,身为销售员,对任何一位客户都要一视同仁,否则就意味着你看不起他们。如果你不重视客户,怎么能获得客户的好感并让他们签单呢?

然而,很多销售员经常将某些客户列为不受欢迎的对象。

"那个人肯定只是来逛逛,根本就没打算掏钱。"

"瞧他那样儿,我猜他连一件像样的衣服也买不起。"

"那个长头发的人,说话真是太没有水平了!"

……

诸如此类,他们总是戴着有色眼镜看待客户,习惯于这样评价客户。

戴着有色眼镜区别对待客户,的确不是销售员应有的工作态度。再说,仅凭见一面或三言两语就断言,你怎么能肯定你的判断是正确的呢?

你必须以伙伴的身份、以平等的姿态对待每一位客户。如果带着傲气、优越感或成见,你的这种神态或情绪必然会流露于言谈举止中,必将给客户留下恶劣的印象。签单也就无从谈起。

技巧学堂

如何对待客户的需求

·需要被接纳。所以你要接受客户,以笑容表明你接纳的心情。

·需要你的感激。时常以"谢谢"表明你心存感谢的态度。

·需要你的赏识。打开你的心胸,真诚地赞赏他们生活中的一切。

·需要你的认同。千万不要跟他们争辩,遇到任何问题都要与他们协商,友好地解决。

[阶段测试] 销售前的准备工作,你做得充分吗?

成功的销售离不开必要的事前准备,否则往往会使销售效果大打折扣。请认真做以下选择题,看看你销售前的准备工作做得是否充分。

1. 你对所销售的产品的特性和功能了解吗?
A. 都很了解
B. 了解部分产品
C. 只是知道大概的情况

2. 你对市场上的同类产品了解吗?
A. 非常了解
B. 了解一点
C. 一无所知

3. 你亲自使用过你所销售的产品吗?
A. 经常使用
B. 偶尔用
C. 从来不用

4. 你在拜访客户前会去了解客户的基本情况吗?
A. 是,一定要了解清楚

B. 偶尔会了解

C. 从不了解

5. 你能从客户的信息中发现其潜在的需求吗？

A. 一般都能发现

B. 有时可以发现

C. 总是发现不了

6. 你的销售活动有详细的计划吗？

A. 有

B. 有时有，有时没有

C. 从不做计划

7. 在拜访客户前，你会做演练吗？

A. 会练习一下

B. 偶尔会练习一下

C. 从不练习

8. 在介绍产品时，你会向客户做演示吗？

A. 一般会做

B. 偶尔做

C. 从不演示

9. 你熟悉产品演示的流程吗？

A. 非常熟悉

B. 比较熟悉

C. 不熟悉

10. 为了使产品演示更加有效，你会事先准备产品演示的工具吗？

A. 是的，每次都准备

B. 想起来就准备

C. 从不准备

做完以上测试题后，请根据以下评分标准为自己评分。
A.5 分；B.3 分；C.0 分

结果分析：

· 超过 45 分：说明你销售前的准备工作做得比较好，请继续坚持。

· 30~45 分：说明你销售前的准备工作存在某些方面的不足，请检查弥补。

· 30 分以下：说明你销售前的准备工作做得不够充分，需要改进工作。

第 16 讲
汤姆·霍普金斯：抓住与客户通电话的机会

观点直读

汤姆·霍普金斯：所有的通话都能来钱，无论是打错的电话、埋怨的电话、要求解除合同的电话，还是无法理解对方想表达什么的电话。

乔·吉拉德：人们常说给陌生人打电话是在做无用功。的确，许多电话会没人接，有些电话号码是作废的，还有的人听不懂你的意思或者不会说英语。但是，如果你做得恰当，你打电话会有一些效果。

所有的通话都能来钱

汤姆·霍普金斯在卖房子的时候，70% 以上的业绩都是靠通电话获得的。在他看来，甚至是打错的电话、埋怨的电话、要求解除合同的电话以及无法理解对方想表达什么的电话，都能帮助拓展业务。他能通过电话用最简短的语言获得最有价值的信息。

案例链接

有一次，他打电话给一个叫布朗的会计师。

"您好，布朗先生，我是汤姆·霍普金斯。有一套特别好的房子想给您介绍一下。"

"我没时间。"布朗一口回绝。

"请问什么时间打给您比较方便呢？布朗先生。"

"我这一两个月肯定没有时间，你半年之后再打给我好了。"

"好的，布朗先生，看得出您是一位很忙的会计师，我想我半年之后会按照和您约定的时间再准时打电话给您，我已经做了详细的记录，谢谢您。再次谢谢您能接听我的电话。"

在汤姆·霍普金斯的备忘录上，详细、准确地记录着有一个人要他半年后打电话。

半年很快就过去了。

一天早晨，汤姆·霍普金斯拿起电话："布朗先生，我是汤姆·霍普金斯，就是半年前和您约好要卖给您房子的汤姆·霍普金斯。"

布朗一听感到很惊奇，心想自己很随意说的一句拒绝的话，竟然被对方记住了。布朗先生本来想把电话挂断，但转瞬一想："我随口讲的一句话，对方都能认真地记住，认真地对待，他真的是很敬业的人。这个人不管销售什么，他的品质和信誉都是会令我非常欣赏。所以，我绝对相信这个人，我也相信他推销的产品。"

这位会计师购买了汤姆·霍普金斯的房子，还介绍了许多朋友从汤姆·霍普金斯那里购买房子。

对刚入行的销售人员而言，用电话销售操作起来可能更容易一些，因为至少免去了与客户面对面交流时会产生的紧张情绪。

但从另一个方面来说，用电话销售也有其不利的一面。例如，你无法对客户的实际状态如他们的装束、容貌、表情以及工作和生活环境等有直观的了解，从而不利于自己即时调整相应的销售策略。

用电话销售的技巧

由于用电话销售进行信息交流的介质单一,所以运用起来并不简单,需要采用一些技巧,否则就不会产生良好的效果。

·要语气平稳,吐字清晰,语言简洁。

有许多销售员害怕被拒绝,一拿起电话就紧张,说话慌里慌张,语速过快,吐字不清,这些都会影响与对方交流。我经常接到打来的推销电话,但是当听到对方报不清楚公司名称,说不清楚产品功能,也讲不清楚打电话的意图时,我只好拒绝。

·必须清楚你要给谁打电话。

有许多销售员打电话时,还没有讲清楚要找谁,就开始介绍自己和产品,结果对方说"你打错了",或者说"我不是××",然后直接挂电话了。还有的销售员把客户的名字、职务搞错了,有的甚至把客户的公司名称搞错了,结果还没有开始介绍,就已经降低了自己在客户心中的诚信度。

·要做好电话登记工作,及时跟进。

你在打过电话后,一定要做通话记录,将有价值的信息整理、总结、分类、建档。对最有希望成交的客户,要及时回访,争取达成交易;对可争取的客户,要不间断地跟进;对没有合作意向的客户,也要不定期地和他们联系,以免错失成交机会。

行动指南

电话销售的物品准备

1. 通话清晰的电话机
2. 三色笔、铅笔
3. 便笺纸
4. 电话记录本
5. 计算器
6. 涂改液、橡皮擦
7. 喜欢的音乐
8. 秒表
9. 镜子
10. 客户资料
11. 备忘录
12. 传真机
13. 喜欢的饮料

第17讲
金克拉：上门推销要给客户留下好印象

观点直读

金克拉：上门推销要注意礼仪，给客户留下良好的第一印象，这样才会缩短与客户之间的心理距离，赢得客户的好感。

由于上门推销可以面对面同客户接触，比电话销售更直接，也比门店销售更主动，因此这种方式被许多销售员采用。金克拉在做销售时，也经常上门去推销产品。后来他在做培训师时，常和学员们分享自己上门推销的一些经验。

敲门前要做好心理准备

金克拉建议，当你前往客户的家拜访时，如果你驾车而去，那么最好将汽车停在距客户家稍微远点儿的地方，这样你可以利用下车走到客户家的这段时间调整一下自己的心情，或者整理一下自己的仪表；如果你乘坐公共交通工具去，要在敲门前给自己留几分钟时间，用来整理仪表、调整心情。需要特别注意的是敲门前手里最好别拿任何有关销售的资料，否则你很容易紧张。

自我介绍要简单明了

当你站在客户的面前时，要表现得自然、放松，自我介绍要简单明了。金克拉常常会这样说："您好，我叫金克拉，是厨房用品销售员，这么唐突拜访，不知是否会打扰到您。"如果能加上一句赞美的话，效果会更好。例如，金克拉会一边环顾客户的房间，一边问："您的家真漂亮啊，在装修上一定花了不少心思吧。"

个性化地说明产品的特性

金克拉建议,在做产品说明时最好不要拿出产品说明书照本宣科,而是要根据产品的特性,结合客户的实际情况,做个性化的说明,其间最好能让客户参与进来,或讨论,或比试,或体验,这样客户的购买热情会相对比较高。

有一点需要特别注意,你要对自己所销售的产品非常有信心,而且展示时要谨慎小心,让客户感觉到产品在你心中很有价值。

同时,为了加深客户对产品的印象,在介绍产品时,必须将其特征放在最后说明。

搞清楚谁是购买的真正决策者

在商谈时,你要先观察在这个家庭中谁是真正的决策者,也就是说要找到谁是影响成交的关键人物。假如你看错了目标,很可能白费功夫。

在这一点上,金克拉特别提醒说,询问产品最多、对产品表示出极大的兴趣的人,不一定是有决定权的人。要想迅速找出谁是决策者,就要观察他们在说话前的眼神。一般情况下,有很多人在说话前会看着某个人,此人便是真正的决策者。或者你可以向他们当中的某个人询问一些重要的问题,假如此人是决策者,他会准确地回答你的问题;若不是,他就会通过眼神或言语求助真正的决策者。

案例链接

有一次,金克拉去一位客户家推销。在与男主人谈到最后阶段时,男主人的儿子从外面回来了。当看到他的父亲选的产品时,他一口就否定了:"这种样式太难看了,而且用着不方便,别要了。"

客户的儿子大概有十七八岁的样子,这个年龄段的孩子正处在叛逆期,桀骜不驯、自以为是。金克拉明白,这次推销成功与否,关键在这个孩子身上。于是,他随即与这个孩子聊了起来,并把产品的大样图纸拿出来让孩子选看。孩子一下子看中了一件精致小巧的产品。

"这个还可以。"他指着那款设计精美但容积很小的产品说。

"哦，这个的确很美观，但不太适合人多的家庭使用。"金克拉看到他认同地点点头。"不如这一款，"金克拉指着另一件样式相同但容积较大的产品说，"你看，这个就比较适合你们家使用。"

金克拉又说道："看，你已经是大小伙儿了，那口小锅做的饭还不够你一个人吃呢。"孩子听后不好意思地笑了起来。最后他做了决定，选择了金克拉推荐的产品。他的父亲很高兴地付了款。

信任是根本

上门推销最重要的是要和客户交朋友，让对方相信你。你必须对其家人表示关怀之意，并对客户的选择予以推崇与肯定，同时说明产品与其美好的愿景有着密不可分的关联。这样一来，客户在高兴之余，生意自然就谈成了。

工具分享

拜访活动日报表

月份：　　　　　　　　　　　　　　　业务代表：

所拜访公司的名称	访问对象	滞留时间	初次拜访	再次拜访	销售进度					客户反映			备注
					接近客户	产品说明	展示	建议书	签约	强	中	弱	
1													
2													
3													
4													
5													
6													
7													

日期		
当日	拜访家数	
	再访家数	
累计	拜访家数	
	再访家数	

第18讲
雷蒙·A.施莱辛斯基："请给我5分钟"

观点直读

雷蒙·A.施莱辛斯基：有些时候，你无法在5分钟内把你的故事说清楚，但是，只要你要求别人给你5分钟时间，他们就更有可能给你约见的机会。你走进大门并向他们描述一件完美的事物，即便这会持续半个小时甚至一个小时，他们一般都会让你继续下去。

常听到一些销售员抱怨：有些客户很难约，约了很多次，总是说没有时间。

客户的这种反应，一般可分为两种情况解读：一些客户对你的产品不感兴趣，拿没有时间当托辞；一些客户可能有需求，但的确是工作比较忙，日程安排得比较满，害怕你浪费他们的宝贵时间。由于大多数销售员给客户的印象是讲起话来滔滔不绝，而且一旦接触客户，就会对客户纠缠不休，所以客户干脆以没有时间为由予以拒绝。

面对这种情况，如果你退却或放弃，很可能就错过了签单的机会。

那么，该怎么做才能争取到与客户见面的机会，而且让客户听完你的推销呢？

只要5分钟

雷蒙·A.施莱辛斯基是这样做的：在和客户约拜访时间时，他会明确请求客户只须给他5分钟，保证1分钟都不会多耽搁。

听雷蒙·A.施莱辛斯基这么说，客户一般会答应与他见面。

但是，5分钟够干什么呢？

的确，5分钟是不足以说服客户认购任何产品。但雷蒙·A.施莱辛斯基的理由是：通常你无法在5分钟内把事说清楚，但只要你要求别人给你5分钟时间，他们就更有可能给你约见的机会。一旦你进了他们的门，就有了成功的可能。

通常，雷蒙·A.施莱辛斯基会先用5分钟时间做一些简单的介绍，然后看看时间说："我和您约好的时间到了，谢谢，再见！"雷蒙·A.施莱辛斯基站起来假装准备离去。"对了，还有一点问题需要给您解释下。"突然想起有需要补充说明的事，于是又讲了10分钟。

"我确实得走了，但是在走之前我希望确信您已经完全明白了我说的话。"说完他会拿起皮包走向房门，就在准备关上门的那一瞬间，他又会停顿一下说："我希望您最后考虑一下。"

本来约好的是5分钟，在不知觉中变成了15分钟。正如雷蒙·A.施莱辛斯基所说的，如果你能在开始的5分钟里让客户认识到你所销售的产品的价值，即便你需要半个小时甚至一个小时来讲述，他们一般都会听下去。

大师素描

雷蒙·A.施莱辛斯基

美国著名的营销大师，大学毕业后就开始踏上了销售之路。曾被评为"全美十大杰出推销员"，是美国公认的"最佳保险经纪人"。

5分钟的背后

当然，雷蒙·A.施莱辛斯基会为这5分钟的拜访准备几个星期甚至几个月。他说："取得成功的原因并不仅仅在于这5分钟里让客户了解了什么，而是在于你与他们见面之前所做的一切准备。在这5分钟的约会之前，我甚至比客户的家人还了解我所面对的客户，其中包括他们的兴趣爱好、价值观和需求等。"正因为雷蒙·A.施莱辛斯基事前做了很多准备工作，他才能在短短几分钟内把客户的注意力吸引过来。

那么，该说些什么呢？施莱辛斯基的经验是：

（1）说客户最关心的话题。

（2）找到客户的情感弱点——某个心愿或某个爱好。

（3）学会倾听。千万不要堵住客户的嘴，更不要和客户发生一些不必要的争执。

（4）适时地向客户请教。没有多少人会拒绝充当说教者。

当然，应该还有其他一些方式方法，能让你有尽可能多的时间与客户交流并说服他们购买你的产品。或许你们还可能通过这次见面成为朋友呢。

观点图解

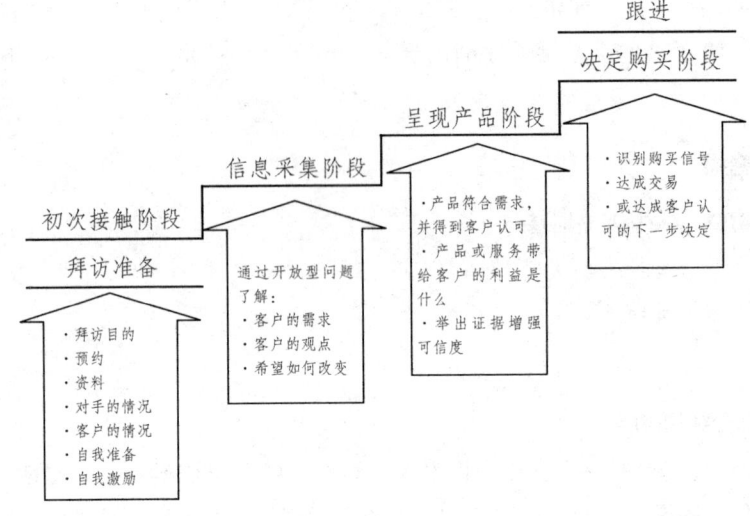

销售拜访的流程

第19讲
河濑和幸：少说"欢迎光临"

观点直读

河濑和幸："欢迎光临"本来是挺好的问候语，但是如果使用方法不当，就会成为让客户匆匆逃开的咒语。假设你朝着迎面走过来的客户说一句"欢迎光临"，我敢说很多客户都会避开你的视线。你的一句"欢迎光临"，会让客户不自觉地担心："这人是不是要缠着我买他的东西啊？"于是赶紧离开。事实就是如此，一句"欢迎光临"往往会在客户心里筑起一道墙。

叫卖是销售员尤其是卖场销售员的工作内容之一，也是他们招揽客户的重要方式之一。然而，如何叫卖，其中大有学问。

河濑和幸曾经特别留意过美容护肤品女销售员的叫卖方式。

"欢迎光临！试一试吧，可以让您的肌肤滋润嫩滑。欢迎光临……"

从早上开始一直到下午三点，她就这么不停地扯着嗓门叫卖。最后，她嗓子哑了，我们只能听到"欢迎光临"中的"临"字了。

像她这么认真的销售员，东西越是卖不出去就越着急，还觉得如果自己不尽力卖，心里会过意不去，于是坚持不懈地一遍遍地叫卖。虽然她很努力，但进店消费的客户始终寥寥无几。

很多销售员似乎只钟情于"欢迎光临"这四个字，有的人显然是动了脑筋，想让这四个字尽可能好听、别样，于是在"欢迎光临"的喊法上下了很多功夫——转换音调，改变断句方式，拉长尾音，等等。

大师素描

河濑和幸

日本"销售大王"，42岁时开始从事销售，能够在两个小时内向客户成功推销300瓶价值4000日元的美容液，在一天内卖掉50台价值8000日元的自行车，再加上200瓶价值2300日元的橄榄油。

有时候,"欢迎光临"并不受客户欢迎

河濑和幸认为,有时候在招揽客户时,不管你如何在"欢迎光临"这四个字上下功夫、出新意,都没有多大的意义。换位想想,如果你是客户,销售员换个语调喊"欢迎光临",你会有购买的欲望吗?还不如告诉客户你卖的是什么产品,产品有什么特点更实际些。

如果你认为这么卖力地喊这四个字是为了向你的老板证明"我在认真工作哦",说明你根本没有找对消费的对象。你要知道,真正买东西的是客户,不是你的老板。接连不断地喊"欢迎光临"并不能向客户传达太多有用的信息,有时候只会让客户觉得心烦。无论在这个过程中你有多卖力,销售额上不去,老板也不会赞赏你。

其实,说"欢迎光临"这样的招呼方式,用在吸引远处的客户身上就足够了。例如,说类似"欢迎光临,这边有美容护肤品卖哦!"这样引起远处或背对着你的客户注意的话,向客户传达"我在这边"这条信息就足够了。

认真问好就行

例如,你可以说"上午好"、"您好"。当然,在问候后面加上"欢迎光临"也行——"早上好,欢迎光临"、"您好,欢迎光临"等都可以。

另外,打招呼的时候,还要注意身体的朝向。你希望哪个方向的客户注意到你,就把身体朝向哪个方向,以便将自己的问候准确地传达给对方。

河濑和幸在跟客户打招呼的时候,通常还会注意以下几点:

· 看着对方的眼睛。
· 一直微笑。
· 主动先问好。
· 问好以后再简单说一句。

问候方式要随着氛围和客户年龄的不同而改变

问候时要调整说"早上好"、"您好"的语速。河濑和幸的经验是语速的快慢要根据客户走路的节拍以及年龄来决定。

他做销售的时候，每去一家店，首先要观察客户，然后在内心"一、二、一、二"打着拍子看客户走路的速度，搞清楚是"一二、一二"，还是"一……二……一……二"。

面对年轻客户，他问候的语速会稍微快一点；面对上了年纪的客户，他就会放慢语速。

他说，问候的语速因人而异，听的人就不会觉得千篇一律也更容易接受。

如果客户中有小孩，要认真地跟小孩问好

在招徕客户的技巧中，跟小孩问好是相当有效的一招。小孩背后就是他们的父母，跟小孩问好，背后的父母会看在眼里、记在心里。这样一来，通过和孩子交流，你和孩子的父母的交流也可以很顺畅地进行下去。因此，当看到带小孩的客户时，要意识到这就是销售的好时机。

河濑和幸还建议，在跟小孩打招呼的时候，不要蹲下去用孩子的口吻向他们问好，而是要像跟大人问好一样对小孩说"你好"。

问候时注意观察对方的表情

跟客户打招呼时要留意对方的表情。视线相遇时，表情发生变化的客户很有可能会购买产品。而那些对你的问候没有任何反应的客户，就极有可能只是路过，也可能是有目的地购物或去厕所。遇到这类很有目标意识的客户，你是不太可能让他们对你的产品感兴趣的。此时，河濑和幸一般会主动放弃。

第20讲
乔·甘道夫：用不同凡响的开场白抓住客户

观点直读

乔·甘道夫：不同凡响的开场白往往具有出奇制胜的效果。

在实际销售过程中，客户听销售员说的第一句话要比听接下来的话认真得多。听完第一句话后，客户一般会决定是拒绝还是继续交谈。

也就是说，开场白的好坏几乎可以决定销售的成败。好的开场白可以唤起客户的好奇心，引起客户的注意和兴趣。只要你能够在前30秒内完全吸引住他们的注意力，那么在后续的销售中就会更加轻松。

要想在短时间内吸引客户的注意力，就要设计独特且吸引人的开场白。善用开场白吸引客户是乔·甘道夫取得成功的秘诀之一。

案例链接

有一次，乔·甘道夫去拜访一家工厂的老板。

进入老板的办公室后，乔·甘道夫将名片递给老板说："我认为您应该知道我的背景。从我的名片中您可以看到，我是百万圆桌会议的终身会员，这是寿险业的最高荣誉，在全世界那么多的寿险销售员中，只有几千人具有终身会员资格。"

老板听完后，点了点头。

"我名片上写的NQA是表示所有与我合作的客户中有超过90%的人至今仍然与我合作，这表示我喜欢与客户建立长远的关系，所以我会与客户保持密切的联系并随时留意他们的一切状况。"乔·甘道夫接着说。

"那CLU是什么意思？"

"是表示我持有人寿保险从业人员资格证。"

乔·甘道夫通过介绍自己的名片一开场就打动了这位老板，最后谈成了大额保单。

第二阶段：如何挖掘客户

大师素描

乔·甘道夫

出生在美国肯塔基州。到目前为止全世界唯一一位能在一年之内做成超过10亿美元生意的人寿保险经纪人，曾两度获得"国家推销大师奖"。美国百万圆桌会议终身会员，被尊称为"寿险推销大王"。

"创造性销售大师"戴夫·多索尔森在利用开场白促进销售方面也有自己独特的方法，他向学员提供了几种非常有效而又独特的开场白：

第一种：

"先生（女士），您好！今天我专程来拜访您，是想了解一下上帝对广告的看法。"

"什么，上帝？"

"因为您是上帝，客户都是我们的上帝，所以我今天是专程来拜访上帝的。"

这时候客户也许会被你的这个开场白逗笑，那么你与客户之间的关系就变得融洽很多，而你也就有更多的机会向他们介绍你的产品了。

第二种：

"我不是来推销广告的，我是来为您创造现金的！"

"创造现金，什么意思？我不明白，请你解释一下……"

这样你就可以与客户交谈了。而有机会和客户交谈是达成交易的前提。

第三种：

"先生（女士），您好！打扰一下，请问您是我们电视台的客户吗？"

如果客户此时说不是，那你就可以回答"不要紧，先生（女士），我看您的气质这么好，还以为您是我们电视台的客户呢。这是我的名片，希望我能成为您在我们电视台的广告代理人。"

如果客户说是，那你就可以说："恭喜您，先生（女士），非常感谢您对我们电视台的支持。请问您在我们电视台做了什么广告？广告费是多少？"用这种方式开场会比较容易与客户开始交谈。

在客户的心里似乎有一扇紧闭的大门，在门上还有一把重重的大锁。如果你能用语言激起对方的兴趣，对方的心门就能被很轻松地打开；反之，心门就会锁得更紧。

销售高手通常用以下几种方式开场。

真诚地赞美

估计没有多少人不喜欢听别人夸奖自己,客户也不例外。因此,赞美客户是你接近客户的好方法。赞美客户时,必须让客户感觉到你的真诚。例如,你可以说:"李经理,我听华泰公司的张总说您是一位热心、爽快的人,跟您做生意最痛快不过了。""恭喜您啊,李总,我刚在报纸上看到您当选'十大杰出企业家'的消息。"

引发好奇心

探索欲与好奇心几乎是每个人都有的天性。客户不熟悉、不知道或与众不同的那些事物,往往会引起他们的注意。例如,一位销售节水水龙头的销售员见到客户后,微笑着径直拿出一个做工奇特的水龙头递给对方:"请您看一下这个。""这是什么?"对方一般会好奇地观察这个有点与众不同的水龙头。然后销售员抓住时机进一步展开说明。客户对产品有了一定的了解后,就有可能准备掏钱购买。

激起兴趣

人人都有自己感兴趣的话题。如果将客户感兴趣的话题作为销售的开场白,被拒绝的概率会很低。例如:

销售员:"李总,您好!最近我在报纸上看到一篇采访您的文章,在文章中您谈到的创新思维跟以前我在其他书上看到过的不太一样,对我很有教益,但有几个问题我还是不太明白,能不能请教一下?"

李总:"当然可以,您说。"

若想运用好这种开场白,平时就要养成勤于收集资料、调查和观察的习惯。另外,要将已经成功激起对方兴趣的开场白自然地转到销售上。这是技巧,也是功夫,你平时必须多练习,积累经验。

打着别人的旗号

俗话说"不看僧面看佛面"。一般来说，大多数人对自己的亲友介绍来的销售员都很客气。打着别人的旗号推销产品是一种有效的迂回战术。如："刘先生，张刚先生（这个人是客户的朋友或领导）要我来找您，他说您可能对我们的产品感兴趣。"

这种方法虽然很管用，但一定要确有其人其事，绝不能自己杜撰，要不然一旦露马脚，将适得其反。为了取信于客户，若能出示引荐人的名片或推荐信，效果会更佳。

向客户提供信息

如果你能向客户提供一些对他们有帮助的信息，如市场行情、新技术、新产品知识等，很可能会引起他们的注意，获得他们的信任与好感。例如，你可以说："王厂长，我在××刊物上看到一项新技术发明，觉得对贵厂应该有用。"

此外，好的开场白应该能引发客户的提问意向。当你花了30秒时间说完开场白以后，如果客户问你的产品有什么特点，就表示他们已经对你的产品产生了兴趣。

观点图解

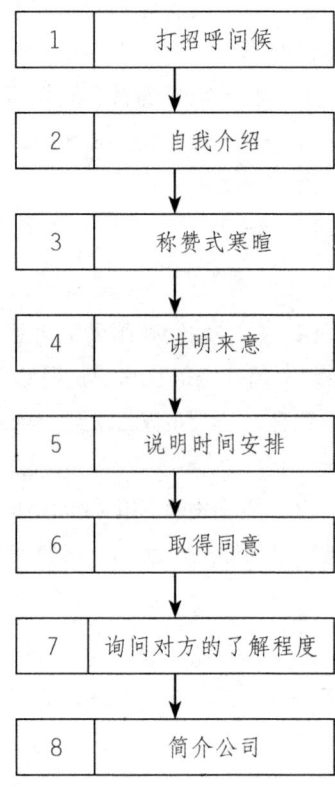

第21讲
原一平：用幽默缓和客户的抵触心理

观点直读

原一平：没什么比幽默更有利于和客户建立起良好的关系了。

乔·吉拉德：我认为，在你的销售中融进一些能让人轻松的幽默元素不失为恰当的策略，同时它也能使你的生意变得十分有趣。

雷蒙·A.施莱辛斯基：当客户生气时，你与其躲避他们，不如以幽默的语言来缓和他们的情绪，这样反而具有较好的效果。

幽默是一种境界，能表现你的坦荡胸怀，也能表现你的敏锐和机智，还可以把生活中的难堪和斗争的困窘化解成人生的洒脱和大度。在人们的交往中，幽默更具有许多妙不可言的功能。它可以缓解矛盾、放松心情、减轻压力、融洽气氛。

幽默在销售场合同样重要。在面对焦虑烦躁的客户时，幽默可以消除客户的戒备心理；在面对对你不满的客户或者谈判陷入僵局时，幽默可以缓和你与客户之间的尴尬气氛，拉近你与客户之间的距离，让你赢得客户的好感和信赖，使你的观点更容易让客户接受。

原一平就是富有幽默感并善于将幽默适时运用于销售中的大师。他以出色的幽默感和微笑销售术连年取得日本最佳的销售业绩，被尊称为"推销之神"。

案例链接

原一平身高只有1.45米。他没有为自己身材矮小而苦恼，却将这个"缺点"转化成了优点，将幽默的元素运用在了销售过程中。

一次，在向客户介绍时，他以独特的矮小身材以及苦练出来的各种微笑的表情和幽默的语言为话题，逗得大家哈哈大笑。

"您好！我是明治保险公司的原一平。"

"啊！是明治保险公司啊，你们公司的销售员昨天才来过，我最讨厌保险了，所以他昨天被我拒绝了！"

"是吗？不过，我比昨天那位同事英俊潇洒吧？"原一平一脸正经地说。

"什么？哈哈，昨天那位仁兄长得高高瘦瘦的，比你好看多了。"

"矮个子没坏人，再说辣椒是越小越辣，不是吗？"

"哈哈！你这个人真有意思。"

就这样，双方的隔阂瞬间消失，生意也在欢快的气氛中轻松地做成了。

每次遇到僵局，原一平总会设法把客户逗笑。

还有一次，原一平去拜访一位客户。

"您好！我是明治保险公司的原一平。"

"喔……两三天前曾来过一个什么保险公司的销售员，他话还没讲完就被我赶走了。我是不会购买保险的，你多说也无用。我看你还是快走吧，以免浪费你的时间。"对方看了一眼原一平递过来的名片后慢条斯理地说。

"真谢谢您的关心！您听完我的介绍之后，如果不满意，我当场切腹。无论如何，请您拨点时间给我吧！"他装出一本正经甚至还有点儿生气的样子。

"你真的要切腹吗？"对方听了忍不住哈哈大笑。

"不错，就像这样一刀刺下去……"他一边回答，一边用手在自己的肚子上比划着。

"你等着瞧吧，我非要你切腹不可。哈哈哈！"

客户和原一平都不由自主地大笑起来。当两个人开怀大笑时，彼此的心也得到了沟通，后续的交流就轻松多了。

汤姆·霍普金斯也是幽默大师。有一次，他去拜访一位客户，因为互不相识，所以气氛比较沉闷。为了打破这种压抑的气氛，他假装去闻客户桌子上的鲜花，然后大叫道："我太幸运了！"

"你怎么了？"

"我的额头被花刺扎了一下。"

"那你怎么还说自己幸运呢？"

"幸亏没扎到我的眼睛。"

说完，两个人便大笑起来。

接下来谈话的氛围顿时轻松了很多。

出色的销售员不仅要有丰富的知识、热忱的工作态度、良好的服务意识、非凡的勇气和韧性，还要有机智的幽默感。否则就如乔·吉拉德所说的："很难想象，缺乏幽默感的销售员会是什么样子，我想他的客户一定很不好受。"

但是，运用幽默也要适时适度，如果把握不好，你会给客户留下轻浮、不可靠的印象，甚至会激起客户的反感或愤怒，那就适得其反了。

此外，培养深刻的洞察力、敏捷的反应能力也是提高幽默感的重要方法。只有迅速捕捉事物的本质，配以恰当的比喻、诙谐的语言，才能制造出既不落俗套又有深度的幽默对话。

第22讲
金克拉：如何应对态度粗暴的客户

观点直读

金克拉：如果你想长期留在销售界，就要不断地面对争执和埋怨。把应对不高兴的客户看作是成就你辉煌的职业生涯的机会吧。

销售员遭遇态度粗鲁的客户、吃闭门羹是常有的事。面对如此的客户、如此的情况该怎么办呢？是以友好而谦虚的态度对待他们，还是选择同样粗鲁而好斗的方式呢？

你能够承受客户不满意带来的损失吗

如果你遇到了粗鲁、好斗或心情非常不好的客户，你以同样的态度对待他们，他们很可能会停止与你交易，还可能会告诉他们的朋友、亲戚、邻居甚至陌生人。这样的后果你能承受得了吗？

控制你的情绪

面对怒气冲冲的客户，你要放松些，强迫自己把双手放在身体两侧，然后听任他们发泄吧——不要打断他们。

无论一个人有多么生气，他也很难不停地表达自己的愤怒超过两分钟。如果你想在客户把怒气宣泄完之前说话，那会让他的怒气更盛。如果你打断他，有可能会重新燃起他的怒火，另一个两分钟将重新开始。

寻求解决的方法

让客户保持冷静的最好办法是让他们远离当前的情境。当对方怒气完全释放之后，你要做的就是放低声音，放慢语速，把每一个字都说得清清楚楚。这样你就能够让他们变得像你一样冷静了。

你的表达要尽量从感谢对方开始，让他们相信你是乐于帮助他们的。"先生，非常感谢您能跟我分享您的真实感受。请您相信，我很想帮助您，我很明白您的感觉。您完全有权利那样想。但是，您愿意和我一起找出解决这个问题的方法吗？"

如果你不同意某个客户的意见，那么直接表明你的反对态度也是可以的——只要你表达得很得体。你要让对方知道，你既没有妥协，也没有承认他的观点正确，但是你有能力以彬彬有礼的方式处理这件事。

客户冷静之后

当某个客户面红耳赤后，如果过错完全在客户身上，他冷静下来后通常能够意识到自己的过错并感到难堪。这个时候，你应该保持友好、愉快和乐观的态度，告诉他你很欣赏他的开诚布公并感谢他坦诚相告。最后，你还要告诉他，你很珍视你们之间的商业关系。利用这种方法，你和客户的关系会更加稳固。

侮辱性语言

当遇到某个客户对你大声吼叫或辱骂的时候，你可以这样对他说："先生，您这样对我说话的时候，我感觉自己再也帮不了您什么了，如果您愿意与我共同解决问题，我相信我们一定能找到解决问题的方法。然而，如果您继续使用这样的语言，那么我们就没办法谈下去了。"

如果是通过电话讲这些话，你就要给他一段时间让他冷静下来，过一会儿再打过去。等他冷静下来后，他很可能会为自己的行为感到难堪。在这种情况下，你和他沟通起来就更容易，甚至可以直接让他购买你的产品。

[阶段测试] MBTI 职业性格测试

心理学认为，性格是个体内部的行为倾向，它具有整体性、结构性、持久稳定性等特点，是每个人特有的，可以对个人外显的行为和态度提供统一的、内在的解释。

MBTI 全称 Myers-Briggs Type Indicator，是一种迫选型、自我报告式的性格评估工具，用以衡量和描述人们在获取信息、做决策、对待生活等方面的心理活动规律和性格类型。它以瑞士心理学家卡尔·荣格的性格理论为基础，由美国的凯瑟琳·布瑞格斯和伊莎贝尔·麦尔斯母女共同研制开发。MBTI 是当今世界上应用最广泛的性格测试工具。

MBTI 把人的性格分为八个端点、十六种类型，由四个维度上的不同偏好构成：

精力支配：外向 E—内向 I
认识世界：实感 S—直觉 N
判断事物：思维 T—情感 F
生活态度：判断 J—知觉 P

本测试用于确定测试者的性格类型。每一种性格特征都有其价值和优点，也有缺点和需要注意的地方。清楚地了解自己的性格的优势和劣势，有利于更好地发挥自己的特长。

本测试共 28 道题。所有题目没有对错之分，请根据自己的实际情况选择。

1. 当你想要外出一整天，你会
A. 计划自己要做什么和在什么时候做（J）
B. 说去就去（P）

2. 你是否
A. 容易让人了解（E）
B. 难以让人了解（I）

3. 你认为自己是一个怎样的人呢？
A. 较为率性随心（P）
B. 较为有条理（J）

4. 假如你是一位老师，你会选教
A. 以事实为主的课程（S）
B. 涉及理论的课程（N）

5. 处理许多事情时，你喜欢
A. 率性随心行事（P）
B. 按照计划行事（J）

6. 下面哪个词语更合你的心意呢？
A. 仁慈慷慨（F）
B. 意志坚定（T）

7. 按照程序表做事
A. 合你的心意（J）
B. 令你感到束缚（P）

8. 你做事多数是
A. 看当天的心情去做（J）
B. 照拟好的程序表去做（P）

9.你倾向于

A.重视感情多于逻辑（F）

B.重视逻辑多于感情（T）

10.你与很多人一起会

A.活力倍增（E）

B.心力交瘁（I）

11.当你接到一份特别的任务时,你喜欢

A.开始前小心地组织计划（J）

B.边做边找需要做什么（P）

12.在大多数情况下，你会选择

A.顺其自然（P）

B.按程序表做事（J）

13.你通常

A.容易与人混熟（E）

B.比较沉静或矜持（I）

14.哪些人更吸引你呢？

A.思维敏捷、非常聪颖的人（N）

B.实事求是、具有丰富的常识的人（S）

15.大多数人会说你是一个

A.重视自我隐私的人（I）

B.非常坦率开放的人（E）

16.在一大群人当中，通常是

A.你介绍大家相互认识（E）

B.别人把你介绍给大家（I）

17. 你认为哪个是较高的赞誉呢?
A. 能干的（T）
B. 富有同情心的（F）

18. 你喜欢花很多的时间
A. 一个人独处（I）
B. 和别人在一起（E）

19. 一般来说,你和哪些人比较合得来呢?
A. 富有想象力的人（N）
B. 现实的人（S）

20. 你宁愿被别人认为是一个
A. 实事求是的人（S）
B. 机灵的人（N）

21. 你认为哪个是对你较高的赞誉?
A. 一贯感性的人（F）
B. 一贯理性的人（T）

22. 你会跟哪些人做朋友呢?
A. 常提出新主意的人（N）
B. 脚踏实地的人（S）

23. 要做决定时,你认为比较重要的是
A. 根据事实衡量（T）
B. 考虑他人的感受和意见（F）

24. 要做许多人都会做的事,你比较喜欢
A. 按照普遍认可的方法去做（S）
B. 构思自己的想法（N）

25. 在社交聚会中,你

A. 有时感到郁闷(I)

B. 常常乐在其中(E)

26. 下面哪个词语更合你的心意呢?

A. 实际(T)

B. 多愁善感(F)

27. 你通常较喜欢的科目是

A. 讲授概念和原则的(N)

B. 讲授事实和数据的(S)

28. 你是否经常让

A. 你的情感支配你的理智(F)

B. 你的理智主宰你的情感(T)

序号	E	I	S	N	T	F	J	P
1								
2								
3								
4								
5								
6								
7								
8								
9								
10								

11								
12								
13								
14								
15								
16								
17								
18								
19								
20								
21								
22								
23								
24								
25								
26								
27								
28								
合计								

计算方法：

每个选项为1分。所有分数都计完后每一个纵列相加比较即可得出你的职业性格特征。例如，外向(E)得了2分，内向(I)得了5分，则你就为内向型。以此类推，即可得到结果。

第三阶段
与客户的情感共鸣

第23讲
河濑和幸：恭敬地把传单一张张递出去

观点直读

　　河濑和幸：发传单给客户，让客户了解产品，勾起客户对产品的兴趣。你一定要相信，用或不用传单这个小道具，销售额是完全不一样的。

　　发传单是销售员用来宣传、推广产品，招徕、吸引客户的常用方式。可能很多人认为这是个很简单的事情——只要把传单发出去就行了。其实这薄薄的纸片和简单的行为是大有讲究的。不同大小的传单、不同的发送方式，产生的效果也会迥然不同。

　　日本"销售大王"河濑和幸就很会利用传单销售产品，他通过自己多年的实践经验，得出了一些独门秘笈。

用不容易被扔掉的小传单

　　我们通常见到的传单大多是A4纸那么大，而河濑和幸主张最好把传单做成长7cm、宽5cm左右的大小。原因很简单，因为小，客户将其放在手提包里或塞在衣服兜里不碍事，把它收起来的概率更高。而A4纸那么大的传单大多被扔进了垃圾箱。

　　很多人会担心这样的传单太小了，容纳不了太多的信息。其实这只是折叠后的大小，一展开就是这个大小的两倍至四倍，可以写与产品相关的很多信息。

不同情况下用不同的传单

　　河濑和幸将传单分为两种：一种是告诉客户"便宜特卖啦，快来买哦"的传单，他称之为"快来买吧"传单；还有一种是告诉客户"这种产品有××等作用哦"的传单，他称之为"你知道吗"传单。

　　在强调低价、减价的"快来买吧"传单上，最突出的信息是价格，通常字号很大、很显眼，用于吸引客户到店里。

写着产品性能以及产品故事的"你知道吗"传单，用于向客户说明产品的特点和作用，能帮助你说服客户购买产品。

恭敬地把传单一张张递出去

也许有很多人觉得把传单散发出去就行了，事实上告诉客户产品有什么作用之类信息的"你知道吗"传单是绝对不能很随意地散发出去的。原因很简单：不管传单做得多好，如果被很随意地散发出去，也会很掉价。正确的做法应该是恭敬地将传单一张张递出去。

要注意，不要很唐突地直接把传单递给客户，而是发现在挑选产品的客户时，一边从客户面前经过，一边问候"你好，欢迎光临"，然后径直走开，10秒以后再回来走到客户面前，递出传单并说："您好，请参考。"

从客户面前经过，只是问候一下，客户就会对你有好印象，觉得你不会强行把产品卖给他们。过一段时间后再回来，客户就不会有很强的戒备心理。此时，你对他们打招呼，他们往往愿意回应；你递传单给他们，他们也比较愿意接。

通过这样的方法递传单，客户就会一边心里说"谢谢！"，一边萌发出"唉？这是什么？"的好奇心。

此外，递传单的时候一定要注意观察客户的表情。如果客户流露出对产品感兴趣的表情，你就可以说："传单上介绍的产品在这边。"然后把客户领过去，开始介绍产品。

发传单的地点一定要合适

要想提高客户接传单的概率，还必须注意一点，那就是不要在客户的行动范围被限制得很小的地方发传单，例如公交车上下车处、电车检票口、电梯升降口旁边等。虽然这些地方人很多，在这里发传单看似效率很高，其实恰恰相反。因为在这些地方，人们进出的空间被限制得很小，大家通过时精力都是高度集中，根本没有时间去接传单。

如果不给客户接还是不接传单的选择权，客户就会觉得很烦。即便客户接过了传单,也极有可能把它扔进垃圾桶。所以,选择那种如果客户不想接传单可以从旁边走开的地方发传单,效果会更好。例如,在电梯升降处,不要贴着电梯口,在离电梯口 90 厘米远的地方发传单就行。

注意观察客户的通行路线

地点不同、电梯不同,人们通行的路线也不同,因此,在发传单的时候,一定要好好观察客户通行的路线。

人们往往喜欢走最短的路,理解了这一点后,再来思考该把传单放在什么位置,才能吸引客户过来拿。

角色演练

产品说明的练习

分组练习,每位组员在小组内演练一次产品说明技巧,其他的组员要注意其是否介绍了产品的特性、优点和能给客户的特殊利益等。演练完后,要给演练者指正。小组每位成员练习完后,由组员共同制作一份标准的产品说明范本。

第 24 讲
金克拉:聊点儿与销售无关的话题

观点直读

金克拉:在很多时候,你不妨先与客户聊聊家常,让客户了解你的背景和生活情形,这样有利于缓解其防卫心理,使彼此的交谈气氛更加融洽。

乔·吉拉德:每个人都喜欢秘密,喜欢我知道而别人不知道的那种感觉。

不妨先聊聊家常

一般情况下，客户对销售员会有下意识的抗拒与排斥心理。

金克拉认为，与客户交谈时，最好不要在一开始就介绍产品，不妨先与对方聊聊家常，聊聊自己的私事，让客户了解你的背景和生活情形，这样有利于缓解其防卫心理，使彼此交谈的气氛更加融洽。

"最近生意怎么样啊？"对做生意的客户来说，这样一句问候，会让他们放下对你的戒心，让他们打开话匣子。与老板聊生意，与女人聊生活，对老人就拉拉家常。对不同的客户，要聊不同的话题。拉家常式的聊天，会让客户产生亲切感。有这样的态度，会让客户觉得你并不是在向他们推销，而是在跟他们交朋友。

在交谈中，你还可以表示想向客户学习某些方面的知识，这样彼此的关系会更加亲近。不过，谈的话题最好与产品无关，以免让对方起疑心。

告诉他们，其他客户为什么会买你的产品

有时候，当你向客户推销产品时，不必告诉他们产品的价值，只要告诉他们其他客户为什么会买你的产品即可。这样客户只是作为旁观者在听你介绍有关别人的事，从而缓解了他们的紧张和压力。

如果这时你说："如果您想买，当然很好；如果您不想买，也没有关系。"说这种带有询问语气的话，正好能刺激他们购买。这笔生意或许就能够成交。

在产品介绍结束前，如果想要客户购买你的产品，别忘了说一句："也许您会认为我是为了向您推销，但我仍然要告诉您，不论您是否购买我的产品，对我来说您是我遇见的客户中最好的一个。因此，我很乐意为您效劳。"

说这句话时一定要表现得特别真诚，否则极易让客户认为你并不是真心的，而只是在奉承他们而已。说完这番话后，不必等客户回应，可以直接继续介绍产品。

这样一来，你所说的话很可能会永远留在客户心中，使他们久久不能忘怀。

刻意制造些神秘感

一般来说，客户购买产品的时候往往更关心产品的功效，也就是能带给自己哪些好处，而不太关心其生产制作过程或工作原理等。

然而，几乎每个人都有猎奇心理，你刻意制造的神秘感会激起客户的兴趣，引起他们格外关注你的产品，从而有利于促进成交。例如，一位销售缝纫机的销售员在向客户展示产品时，故意压低声音说："不知您知不知道这个秘密，现在巴黎、罗马、纽约的服装设计师都不喜欢用机器缝制衣服。而我的这种缝纫机可以隐藏缝线，看上去就跟手工缝制的一样。"不论你的产品是什么，都可以如法炮制。

讲述产品背后的故事

除了制造神秘感，你还可以通过讲述产品的历史及其背后的一些故事来达到成功销售的目的。

好故事往往有曲折离奇的情节、生动形象的人物，因此为人们所喜爱。你可以通过虚构故事内容，在一定程度上满足客户在现实生活中找不到的心灵以及情感的归属或需求。不过，不管是向客户分享产品的秘密，还是产品背后曲折生动的故事，都不要故弄玄虚，否则会令客户生厌；讲述故事要避免生硬教条，不然客户会觉得无聊。

技巧学堂

销售话术的设计

通常情况下，你可以用以下六个问题设计自己的销售话术：

1. 我是谁？
2. 我要跟客户谈什么？
3. 我谈的事情对客户有什么好处？
4. 拿什么来证明我谈的是真实的、正确的？
5. 客户为什么要购买产品？
6. 客户为什么要现在购买产品？

第25讲
博恩·崔西：挖掘出客户感兴趣的话题

观点直读

博恩·崔西：很多时候，你和客户见面不到30秒就被客户赶出来了，这在很大程度上是因为你的话根本不能引起客户的半点儿兴趣。如果你在销售产品的时候能引起客户的兴趣，客户就比较容易接受你。因为当你们之间已经像老朋友一样无话不谈时，相当于是你向老朋友提建议，销售成功就有了90%的希望。

事实证明，人们更愿意与容易相处的人做生意。尤其是与客户初次见面时，如果你能找到恰当的切入点，就可以很快消除彼此的陌生感。

迅速找到彼此的共同话题

如果你在刚开始就像背课文一样介绍产品的相关信息，而不是与客户保持互动沟通，结果就会像下面这位销售员的境遇。

销售员："您好，我是××公司的销售代表，这是我们公司新推出的产品，它坚固耐用、外形美观，非常适合……"

客户："我不需要这种东西。"

销售员："您先看看产品资料好吗？"

客户："我现在很忙，没有时间看你的东西，请你立即离开这里！"

博恩·崔西认为，在销售的过程中，如果你在刚开始就同客户谈你的产品，想方设法把自己的产品的优点介绍给客户，想让客户多了解一些你的产品，往往会事与愿违。

一般情况下，客户不会立即对你的产品感兴趣。要想让客户感兴趣，你要在最短的时间内找到客户感兴趣的话题，然后乘机引出自己的目的。

所以，在向客户推销产品前，最好先找到彼此的共同话题，以实现与客户的互动。新闻、体育、彩票、电影、宠物甚至政治等，总有一个或几个话题是客户感兴趣的。只要客户对你的话题感兴趣，你的销售就成功了一半。

例如，如果你是销售棉服的销售员，看到一位上了年纪的客户就应该这样说："您好啊，今年冬天的天气比去年冷多了，是吧？听说最近又有冷空气要来。上了年纪的人抵抗力差，容易受凉感冒，尤其要注意保暖。这件加厚棉服是刚到的货，暖和又舒适，特别适合老年人穿，您看一下……"

博恩·崔西说："既然我们和客户生活在同一个时代、同一个社会，就必然能找到与客户相同或相似之处，例如共同的生活环境、共同的工作性质、共同的兴趣爱好、共同的生活习惯等，就好比写文章有了一个好题目，从这些共同点切入，就能够拉近与客户之间的距离。"

大师素描

博恩·崔西

1956年出生于美国纽约州。他曾在22种不同的行业中销售过各种产品，例如肥皂、圣诞树、各种投资产品以及一些不动产等。1981年，他推出了自己的"成功系统"训练课程。从1988年开始至今，他的课程一直成为世界销售行业的经典课程。他曾在美国连续14年创下最高销售纪录，成为美国最知名的销售训练讲师及顾问之一、首屈一指的个人成长权威大师。

客户感兴趣的话题是问出来的

要想找到与客户的共同话题，你就得动嘴多问，客户一般不会主动告诉你。

案例链接

有一次，博恩·崔西去旧金山度假。当他到餐厅去吃晚餐时，餐厅里只有一个空位。他犹豫片刻后走了过去。

"您好！我可以坐在这里吗？"博恩·崔西微笑着问坐在空位对面的先生。

"哦，当然可以。"对方很友好地冲他笑了笑说。

"您是来旧金山出差的吧？"博恩·崔西看着对方身边的旅行箱问。

第三阶段：与客户的情感共鸣

"是啊，我今天刚从纽约坐飞机到这里。第一次来这个城市，这里的景色太美了。"

"是啊，我在这里已经生活了很多年，越来越喜欢这个地方了。"

"那么，您能给我讲讲关于这个美丽城市的有意思的事吗？"

"当然。"

于是，博恩·崔西一边用餐一边谈起了旧金山的风土人情、自然景观，对方听得津津有味。用完餐，对方递给了博恩一张名片。得知他是纽约一家大公司的主管后，博恩也递出了自己的名片。

"啊，原来您在保险公司工作啊，我正想给公司的员工买一份保险呢。如果您方便，我们到酒店接着好好聊一聊？"

于是两个人把谈话的地点换在了酒店客房。这一聊，博恩竟然谈成了价值上百万美元的订单。

通过观察和分析，了解客户感兴趣的话题

你除了通过巧妙地询问客户获知他们感兴趣的话题，还可以通过认真观察和分析客户的表情、言行等了解。一个人的心理与精神、习惯与爱好都会或多或少表现在他们的表情、着装、谈吐、举止上。所以，你要善于通过观察客户的这些方面，发现他们感兴趣的话题。

案例链接

一次，博恩·崔西的业务目标是一家大银行。他收集了一些客户的相关资料后，就打电话给银行负责采购的经理，约定了拜访的时间。

"您好！我是××公司的销售代表博恩·崔西，我们计划在下周五举办新产品发布会，我们最新的产品主要针对的是像银行这样的大客户，所以想邀请您参加。"

"哦，对不起，下周五我有事。"

"那我能在电话里向您介绍一下这个产品的情况吗？"

"不行啊，我现在要去开会。再见！"

博恩·崔西想了很多办法，都不能打动这位客户。但是，博恩·崔西

是个不会轻易放弃的人，碰了多次钉子后，他仍然一边继续收集这位客户的资料，一边想办法。

后来，他得知这位客户有一个与自己的孩子年龄相仿的孩子。在拜访这位客户时，博恩·崔西也发现他的办公桌上摆着他的孩子的照片。于是，双方的话题从孩子的照片，聊到孩子的健康、性格、习惯和教育等，越谈越投机。

最后，博恩·崔西向他推荐了关于孩子教育的一本书并告诉他在哪里可以买到。没过几天，他就接到了这位客户的电话。客户说已经买到了那本书，而且受益匪浅。他非常感谢博恩·崔西，想请他来银行好好了解一下博恩·崔西推荐的产品和服务。

结果不用说，博恩·崔西又赢得了大订单。

在与客户沟通之前，你有必要下功夫分析、研究一下客户的兴趣点，这样才能在沟通过程中有的放矢。

技巧学堂

通常情况下，你可以通过聊以下话题引出客户的兴趣点：

·聊聊客户的主要爱好，如体育运动、娱乐休闲等。

·谈论客户的工作，如客户在工作上曾经取得的成就或将来的美好前景等。

·谈论时事新闻。你每天早上可以迅速浏览一遍报纸，在与客户沟通时首先把通过报纸了解到的重大新闻拿来与客户分享。

·询问客户家人的信息，如孩子几岁了、上学的情况、父母的身体是否健康等。

·谈论时下大众比较关心的焦点问题，如房地产是否涨价、如何节约能源等。

·和客户一起怀旧，例如聊一聊客户的故乡或最令其回味的往事等。

·谈一谈客户的身体状况，如提醒客户和他的家人要注意身体健康等。

第26讲
乔·吉拉德：引导客户写下他们的所有想法

观点直读

乔·吉拉德：引导客户写下他们的所有想法，这种方法已在保险行业使用多年。我知道它在各行各业都很有效果。

富兰克林成交法

乔·吉拉德很推崇一种叫作"富兰克林成交法"的销售方法。

运用这种成交技巧的具体方式是：让客户在纸上画一条竖线，然后把他们想买的理由写在这条竖线的一侧，把不愿意买的理由写在另一侧。或者事先准备好一份一面是肯定选项、另一面是否定选项的问卷，让客户按照自己的想法去勾选。然后根据客户列出或勾选的项目，有针对性地开展销售活动，最终达到说服客户做出购买决定的目的。

这种成交方式可以让你更快、更准确地找出客户在面临做决定时的真实想法和诉求，从而有针对性地销售。

"富兰克林成交法"源自18世纪美国的一位传奇人物——本杰明·富兰克林。他在生活和工作中有个习惯：每当需要做重要决定之前，他总是会拿出一张纸，在纸的中间画一条竖线，把所有同意的理由和反对的理由分别写在线的两侧。然后他会客观冷静地研究和分析这些理由，按照分析结果来决定做还是不做。

这种方式通常能让富兰克林在面临两难境地时做出比较正确的决定。后来，人们把他创造的这种做决定的方法运用到了销售活动中，称之为"富兰克林成交法"。

引导客户写下他们的所有真实想法

运用这种成交方式的前提是要说服客户愿意与你配合。

有些客户可能只写了一些表面性的理由，也可能只写了一些他们愿意透露的理由，可是往往没有写最重要、最真实的信息。面对这种情况，你要积极引导客户。

在积极引导客户的过程中,你的态度一定要诚恳,尽可能采用一些提示性的语言,例如:"还有其他理由吗?""如果能成交,您觉得我们什么时间送货更合适一些呢?""您认为除了……还有哪些疑虑呢?"

当客户明明在某些问题上持反对意见,可是又不愿意说出来时,你可以巧妙地替客户说出来。这会令客户感受到你的真诚,大大增强客户对你的信任感。

如果你确信客户会针对某些问题提出反对意见,那么不妨争取在客户之前把这些反对意见提出来,这不仅有助于你争取到主动权,还有利于消除客户的疑虑和不满。

分析客户的意见,有针对性地说服

当客户把支持购买的理由和反对购买的意见都写出来或选出来之后,你要深入分析客户提出的种种理由和意见。这是关乎最终能否成交的关键,需要讲求一些技巧。

这时,你一定要与客户展开良好的互动沟通,而不是自说自话。否则既不利于彼此深度交流信息和思想,也无助于拉近你与客户之间的心理距离以及增强客户对你的信任。只有你与客户一起分析购买的利弊得失,才更容易说服他们。

当然,在与客户一起分析的时候,你必须从客户的需求出发,同时有针对性地进一步强化客户提出的正面理由,有效化解他们的对抗情绪。

当你准备支持客户提出的反对意见时,要确信自己能够有效化解这些反对意见,或者能找到其他方式补偿客户。如果客户提出的反对意见会损害你和公司的重大利益,你最好不要轻易积极地支持。否则你的态度会在客户心中扎根,成为你说服他们的障碍。

第27讲
原一平：给客户讲讲与产品有关的独特而有趣的话题

观点直读

原一平：任何产品都有它独特而有趣的话题，不妨给客户讲一讲。

原一平认为，在销售过程中要学会讲故事。因为无论是大人还是小孩，几乎都有喜欢听故事的爱好。故事会令人振奋、陶醉和留恋，不会像说教那样枯燥乏味、令人厌烦。

案例链接

原一平是讲故事的高手，在推销保险的过程中，他经常会为客户讲述一些和保险有关的故事。下面这个故事，他会经常讲给自己的客户。

美子创办了一家互助会。但自从她的丈夫病重后，一些会员担心互助会将垮掉，于是纷纷要求退费，就连她最好的朋友佳子也来索要会费。

"美子，你知道，我们家最近买了房子，手头比较紧。能不能把会费还给我？按理说不应该在这个时候退会，但我也是没办法啊！"

美子感到世态炎凉，但又有什么办法呢？

好在美子曾经给丈夫买过一份大额寿险，在丈夫最终因癌细胞扩散而离世后，美子得到了一大笔保险金。

因为有这张保单，互助会保住了，美子一家人的生活也有了保障。

原一平试图利用这个故事说明，在遭遇意外、生活艰难的处境下，保险对一家人是多么重要。

有些没有购买保险的意识的客户听了这个故事后幡然醒悟，一般会立即向原一平购买保险。

乔·吉拉德也经常运用这种方法说服客户。他推销的一般都是名牌汽车，安全性强，但价格比较高。每当客户抱怨价格高时，他并不反驳，而是通过讲述别人的实例说服客户。

"先生，我们的汽车是比一般的汽车贵。可是您知道吗？一年前，我的一个邻居为了省钱，没有接受我的帮助去了解产品，一意孤行地买了一辆安全性能差的汽车。后来，由于汽车的安全系统不合格，遭遇了车祸。在车祸中，坐在前排的妻子受了重伤，到现在还坐在轮椅上呢。"

听了乔·吉拉德讲的故事，客户仿佛能清楚地看到他的邻居一家人的遭遇，开始担心自己也会因为贪图小便宜而出事。于是，客户最终选择多掏点儿钱买了吉拉德的汽车。

把产品融入故事中，能牢牢地抓住客户的心，让客户听完后产生心理共鸣。正如原一平所说："故事具有强烈的催化作用，讲得越好，催化力越强。"

让故事使人爱听并能够感染客户，需要一些技巧。

注意细节描述

把时间、地点说得越详细，越能够增强故事的可信度。而且最好能够用大量的时间来渲染细节，从而牢牢地吸引客户的注意力，让他们跟着你的节奏走。

当你用例证法向客户证明产品的实力时，最好能以其他客户作为模板，甚至可以将一些老客户的言谈举止、说话风格和衣着打扮做一些交代。这样，现在的客户会觉得你没有捏造事实，从而更加相信你。

施展肢体语言

肢体语言的力量常常超乎你的想象。以门店销售员为例，在讲故事的同时应该配合产品演示，随着故事的节奏逐步完成产品演示。这样会使客户更加直观地看到产品的功效，从而增强他们对产品的兴趣。

运用道具

在销售过程中，尤其是在讲述产品功效有多么好、产品有多么受欢迎时，最好借助一些道具，这样会增强之前所讲述的故事的真实性。其中，销售清单就是个不错的道具，它能帮你充分说明产品的受欢迎程度。

自嘲

谈论自己做过的傻事，客户可能会在你自嘲的时候喜欢上你，因为客户往往会通过你的弱点看到他自己的影子，从而拉近彼此的心理距离。

不要拘泥于故事原型

可能你讲过很多遍一个故事，所以，再次讲述时一定不要回忆上次都讲了哪些细节。你每次讲故事的时候，没有必要讲得一字不差，只要将故事的大概意思表达清楚即可。如果回忆过多，你很可能会言辞闪烁，这样就降低了故事的可信度。

时刻牢记讲故事的目的

在讲述故事的过程中，要时刻记得你演讲的主题（即和产品的关系），否则故事就白讲了。

正确选择讲故事的措辞

如果你暂时无法确定客户从业的领域，那么最好选择生活化的语言讲述故事，因为这样几乎不会出错。而且在讲述故事的过程中要加入大量的拟声词和感叹词，这样才会大大增强故事的真实性，从而牢牢地把客户带入故事中。

第28讲
雷蒙·A.施莱辛斯基：巧妙地设计提问，没人会拒绝开口

观点直读

雷蒙·A.施莱辛斯基：要想找到与客户之间的共同话题，你可以使用有针对性的方法来提问，转移客户的注意力，让谈话氛围在不知不觉中变得更轻松。这样不仅你可以很容易达到销售目的，客户也不会觉得有那么大的压力。

汤姆·霍普金斯：销售的艺术就是问对问题。

雷蒙·A.施莱辛斯基认为，销售员不仅要学会倾听，还要学会发问。通过恰当地提问，你可以获得更多有关客户的信息，更准确地把握客户的实际需求，从而有针对性地说服客户。

因此，你必须掌握察言观色的技巧，还要学会根据不同的环境和客户的不同特点有针对性地提问。

案例链接

在施莱辛斯基做房地产销售员期间，有一位客户看了几处住宅都不太满意。当施莱辛斯基了解到这位客户的父亲年龄比较大并且患有哮喘时，就对这位客户说："先生，您一定是想找周边环境清静、园区绿化好的房子吧？"

"没错。"

"那您看这个住宅区。它临近市郊，离它不远处就是一大片麦田和树林。小区里的绿化非常好，绿植覆盖率达到60%，而且有个小型的人工湖。虽然距离市区有一段距离，但交通很便利，开车只需要不到半个小时就能到达市中心。对了，小区里面还建有一家综合性医院。您看这样的住宅您考虑吗？"

"是吗？当然，我需要的就是这样的房子。"

"您是准备和父母一起住吧？"

"是的。这样我好照顾他们。"

"这儿有一套小型复式公寓非常适合您。老人住在下面，您和夫人、孩子住在楼上。您觉得怎么样？"

"是啊，这样是最好的！"

"那我们可以成交吗？"

当施莱辛斯基拿出购房协议时，客户毫不犹豫地签字了。

懂得巧妙地提问，才能把谈话导向自己希望的方面。

施莱辛斯基说，客户在讲话的时候，你必须仔细聆听，也要时常提一些有针对性的问题，引导客户多说"是"，然后再给予一些积极的肯定；在聆听中发现与产品有关系的地方后，要不失时机地把谈话的重点慢慢地转移到销售产品上来。例如，客户刚刚说了想提高工人的待遇，如果你是保险销售员，就可以趁机问一句："你们有没有意向给你们的工人购买保险呢？这是能让工人满意的不错的福利待遇。"客户很有可能会被你的这个提问吸引，这样你就可以向他们介绍你的产品了。

案例链接

理发师："下午好！"

客　户："谢谢！"

理发师："您是要烫发吗？"

客　户："是啊。"

理发师："看起来您今天的心情不错。最近有什么高兴的事呢？"

客　户："哈哈，我刚从桂林旅游回来，去了半个多月。"

理发师："是吗，是您爱人陪您去的？"

客　户："是的。他看我前一段时间比较累，特意请假陪我去的。"

理发师："您真幸福！"

客　户："嗯，谢谢！"

理发师："那边的紫外线比较强，您感觉头发怎么样呢？"

客户："对啊，我感觉近来头发有些涩，不顺滑，而且比较干燥。"

理发师："经常在户外，发质就容易被紫外线伤害。"

客户："哦，是这样啊。"

理发师："是啊，如果不尽快护理，以后会很难打理。"

客户："那我该怎么办呢？"

理发师："您真幸运，我们店刚刚进了一些进口的护发产品，纯植物的，可以养护头发。"

客户："那给我做一下护理吧。"

懂得巧妙地提问既可以打破沉默，也能够伺机将客户的注意力引到对你自己有利的重要事项上来。

在销售过程中，客户的异议是多方面的，他们或许并不能立即明确地说出自己的疑问，这就需要你多问他们。你可以通过巧妙地提问，了解客户的意见，然后对症下药、设法化解。

在出现冷场或僵局时，你可以通过提问找回已失去的谈话主动权，或者把偏离的谈话拉回正轨。例如，你可以说："我们换个话题好吗？"

在销售过程的每个阶段，都需要你及时、巧妙地提问，这样会在一定程度上保证双方沟通的顺畅和质量，会对成功销售起到非常重要的作用。

题外链接

开放式提问与封闭式提问

开放式提问

开放式提问是用"什么"、"怎样"等关键词来提问，一般不能以"是"或"不是"来回答。例如，"最近几年您的家乡发生了哪些变化？""您的皮肤很细腻，是怎样保养的呢？"

开放式提问一般不限定答案的范围，能够使对方畅所欲言。所以，运用开放式提问，可以引出新话题，减少提问的次数，使双方在友好的氛围中双向沟通。同时，它也能引导客户谈话，让你获得更多的信息，还能让你与客户通过思维的交会进行广泛的探讨。

第三阶段：与客户的情感共鸣

封闭式提问

封闭式提问是用"是不是"、"是否"、"是……还是"、"会不会"等关键词来提问，一般可以用"是"或"不是"来回答，或者有固定可选的答案。例如，"您是不是很少使用化妆品？""您是喜欢滋润型的还是清爽型的？"

由于封闭式提问具有较强的导向性，因此，它可以限定客户的谈话范围，缩短沟通时间，提高谈话效率；它还可以明确客户的具体需求，并对客户的想法进行澄清、确认，或者让对方表态或做选择。

开放式提问和封闭式提问在销售中的运用

在探询客户需求的阶段，为了获得更多的信息，一般要多一些开放式提问，但要把握好时机，不要太多、太散。而在销售过程中及成交阶段，可适当多一些封闭式提问，以缩小谈话范围，但也要使用得当，否则容易让对方有被逼迫的感觉。

当然，沟通中不要过度依赖某一类提问，最好是两者穿插使用，围绕客户的需求和销售机会适时发问，更多的还是要聆听客户陈述。

第29讲
弗兰克·贝特格：通过一连串提问问出客户的需求

观点直读

弗兰克·贝特格：用提问的方法，不仅可以得到自己最想知道的事情，还可以让客户满足倾吐自己的心声的愿望，有利于销售成功。

我个人认为，销售中最具力度的词是"为什么"。

博恩·崔西：只有通过提问，你才能了解客户的真实需求，问得越多，你了解的就越多，这时候你就能更好地把握客户的真实需求。

弗兰克·贝特格认为，销售成功最关键的是多提问。销售是双向的交流,你的责任就是让客户参与进来,通过多提问来确定客户的需求。例如,在房地产销售中,售楼小姐在带客户看房选房之前,一般会先充分了解对方的需求:

"您有几个孩子?"

"孩子都多大了?"

"您对住宅所处的地段有什么特别的要求?"

"您喜欢哪种风格的建筑?"

"您想要几间卧室?"

"您想要多大的面积?"

……

问清一系列问题后,要根据客户的反应提出一些令他们感兴趣的建议,然后有针对性地销售。

案例链接

有一次,弗兰克·贝特格去拜访一家公司。公司的老板叫罗斯,是一名成功的企业家,也是个大忙人,他非常排斥销售员。

"先生,您好,我是保险公司的销售员贝特格,是您的朋友吉米·沃克先生介绍我过来的。"见面后,贝特格把准备好的有吉米·沃克亲笔签名的名片递给他。

"哦,又是个销售员。"罗斯一脸不高兴,"你已经是今天第10个来我这里的销售员了。我还有很多事要做,没时间接待你。"

"我今天来只是想和您约一下明天见面的时间。您看是上午好还是下午好呢?我只要20分钟就够了。"

"我说过了,我很忙,有很多事要做,根本没有时间。"

面对罗斯的拒绝,弗兰克·贝特格没有退却。他看到罗斯的办公桌上有一本该公司的产品推介单。

"这个我可以看一下吗?"

"随便。"

"这些产品是您公司生产的吗?"

"是的。"罗斯很不耐烦地说。

"您做这一行多长时间了?"弗兰克·贝特格没有理会罗斯的情绪,接着问道。

"有22年了。"

"您是怎么开始做这一行的呢?"

"说来话长了。"罗斯仰身靠在椅背上,神情缓和了很多。

"您是本地人吗?"

"不是,我是瑞士人。"

"那您年纪很小的时候就出来闯荡了啊!真佩服您的勇气!"

"是啊,我14岁就离开了家,曾在德国待过一段时间,后来到了这里。"

"刚开始一定遇到了很多困难吧?"

"没错,我以300美元起家,干得很辛苦。"

"您真了不起!这些产品的生产过程肯定很有趣吧,不知道我可不可以参观一下?"

"当然,我现在就可以带你到车间里去瞧瞧我的这些宝贝是怎么生产出来的。"罗斯很满意自己的产品,说话时带着一脸自豪。虽然贝特格这次上门没有卖出去一份保险,但他和罗斯先生成了朋友。

后来,罗斯从贝特格那里买了19份保险。

大师素描

弗兰克·贝特格

美国最成功、收入最高的销售员之一。29岁那年,他开始加入保险行业,在25年的销售生涯中销售了4万份人寿保险,平均每天有5份寿险签单入账。他凭借自己辉煌的业绩,成为"美国式成功"的典范,被誉为"国际大师级的推销员领袖"。

贝特格的成功来自于一连串巧妙的提问。

需要注意的是提问的语气不能咄咄逼人,要和善、有亲和力;最好是问简单、好回答的问题;尽量避免说过多的专业术语,否则会令客户感到茫然,不知该如何作答。

在客户回答问题时,你一定不能抢着插嘴,要耐心地聆听客户的回答,这也是销售的重要环节。你只有认真地听客户的回答，认真地研究客户的回答，才能真正挖掘出他们内心的想法。

每提出一个问题后，一定要给客户足够的时间思考，即使他们说完一句话了，你也要稍微等一会儿，因为他们很有可能会表达另一个想法。

这样，你的身份就不仅仅是销售员，更是具有专业水准的咨询顾问，客户会把你说的话当成建议。做到了这一点，你就真正掌握了销售的控制权。

对于销售员来说，遭到客户拒绝是再正常不过了。被客户拒绝后，不妨试着从多个侧面向客户提几个问题，让客户思考说不定就会敲开他们的心门。

技巧学堂

提问的步骤

1. 激励合作
2. 用开放、无指向的问题去获取无偏见的信息
3. 用开放、有指向的问题去发掘更深层次的需求
4. 用封闭式的问题去精简需求
5. 总结

第三阶段：与客户的情感共鸣

第30讲
乔·吉拉德：在提问中给客户一个肯定的选择

观点直读

乔·吉拉德：绝对不要问只有"是"与"否"两个答案的问题，除非你十分确定对方的答案是"是"。

乔·吉拉德告诫同行，在面对客户绝对不要问只有"是"与"否"两个答案的问题，除非你十分确定对方的答案是"是"。如果这样问，就给了客户做否定的选择的机会，导致销售失败。

那么，怎么问才好呢？

先看一个案例：

街上有两家相邻、规模差不多大、都是卖豆浆和茶叶蛋的早餐摊。

两家的豆浆的销量每天都差不多，但其中一家的茶叶蛋会比另一家多卖出去不少。

原因何在？

其实很简单——就是说一句话的差别：茶叶蛋卖得少的那家，摊主总是问来吃早餐的客人："您加不加茶叶蛋？"

而另一家的摊主是这样问客人："给您加一个茶叶蛋还是两个茶叶蛋？"

很显然，第一个问题有加和不加（即一是一否）两个答案。而第二个问题只有一个肯定的答案——加，不管是加一个还是加两个。

因此，最好的问法是在问题中给出两种肯定的选择供客户做决定。这种提问方式一般用在假设成交法中，即假定客户已决定购买产品了。

乔·吉拉德在销售汽车时会经常用到这种提问题的方式。例如，他会问"你是想要双门轿车还是四门的？"而不是"你是想买双门轿车吗？"这样问，他的客户一般都不会拒绝他。相反，如果你用后面的问法，客户很可能会对你说不。

在实际销售中，还有很多类似的问题：

"您要红色的还是白色的？"

"您是刷卡还是付现金？"

"发票是寄到您公司还是家里？"

……

这些问题，无论客户选择哪一个回答，都意味着自己已经决定购买。

当然，这种问题还有其他一些表达方式：

一种是带有假设性的。例如，辩护律师向被告提问："你现在还打老婆吗？"

无论被告怎么回答，都首先是承认自己打过老婆。

另一种是反问式。例如，"难道您不认为这辆车很适合您这样的成功人士吗？""您不觉得它物有所值吗？"

乔·吉拉德说："从表面上看，这似乎只是向客户提了建议，但如果客户对你的意见和看法表示赞同，你通常会得到肯定的回应。"例如，当某家的先生、太太和两个小孩共乘一辆汽车上街买东西时，吉拉德会问这位太太："遥控锁是不是最适合您家？"她通常会同意吉拉德的看法。接着吉拉德会继续说："我敢打赌您也喜欢四门车。"因为吉拉德知道，他们是个大家庭，通常会考虑买四门车。太太会说："哦，是的，我只会买四门车。"在一连串关于汽车性能的谈论之后，这位先生猜想他太太有意买车，因为她一直赞同吉拉德的看法。正因为如此，到了快要成交的时候，吉拉德已经排除了先生得征求太太意见这个因素。然后，吉拉德会说服他答应。他们彼此都认为对方想买这辆车，没必要再召开家庭会议讨论，因此吉拉德得到了这张订单。

题外链接

二选一法则

"二选一法则"是1930年由销售培训师艾未尔·惠勒最先提出的，因此也被称为"惠勒秘诀"。

惠勒是这样给他的学员讲"二选一法则"的：

"我们和客户约定见面的时间时，使用'二选一法则'是非常有必要的。也就是提出两个见面的时间，让客户从中做选择，不问客户有没有空，

而应该问客户哪个时间段有空。你可以问客户：'请问您是今天下午有空，还是明天上午有空？'

"当你问完这个问题后，如果某个客户说这些时间都没有空，你绝对不能放弃，一定要坚持问下去：'那您明天下午什么时候有空？'如果他说明天下午也没有空，那你就继续问他：'那么后天上午您什么时间有空？'每次都给他两个时间去做选择，这样一直问下去，直到他把拜访的时间告诉你为止。

"在这个过程中，有的客户可能会这样对你说：'明天再打电话与我约时间吧，我现在很忙。'当客户说出这样的话时，我们必须意识到：第二天打电话约时间就等于约不到时间了，所以绝对不能答应客户到第二天再打电话约时间。面对这种情况，你可以说：'我知道您现在很忙，而我也不希望浪费您的时间，但我想如果我们现在就约好见面的时间，可能会比明天再打电话麻烦您更节省您的时间。'

"依照经验，当你用这种方式回答客户时，绝大多数客户会立即同你约定好见面时间。"

[阶段测试] 销售中的沟通能力测试

销售是帮助客户认识自己的需求，为客户提供解决方案，使之做出购买决定的沟通过程。因此，沟通能力对销售员来说非常重要。做一做以下测试题，看看你的沟通能力如何。

1.初次与客户见面，你觉得谈话的氛围重要吗？
A.是的，很重要
B.环境安静就可以了
C.不太理会，直接说事

2.与客户见面后，你能很快地切入销售话题吗？
A.能，自然过渡
B.直接切入主题
C.常常不知从何说起

3. 在交谈中，你是否经常打断客户，发表自己的观点呢？

A. 边听边想，说得不多

B. 忍不住就推销自己的产品

C. 总是自己把控话题

4. 你是否有种感觉，好像专心听讲也无法了解客户需要什么呢？

A. 设身处地地听，能了解

B. 总是有这种感觉

C. 从不听，靠直觉判断

5. 你认为什么样的听才算是聆听呢？

A. 站在客户的角度边听边想并适当地回应

B. 专心听客户的一字一句，不插话

C. 只听自己感兴趣的部分

6. 对于不善于言谈的客户，你是如何与他们交谈的呢？

A. 尽可能找话题

B. 一般是一问一答

C. 他们不理我，我也不理他们

7. 对于健谈的客户，你是如何跟他们开始谈销售的呢？

A. 找准时机，准确发问

B. 等客户说得差不多了再直接说

C. 打断他们，言归正传

8. 在沟通中，如果客户有一些误解或偏见，你通常是如何处理的呢？

A. 正确引导，平等交流

B. 肯定对的，忽略错的

C. 直接辩驳，加以说服

9. 客户要求你打折销售，你一般会怎么做呢？

A. 强调产品给客户的益处，突显其价值

B. 算算盈亏后同意有限地打折

C. 直接打折，告诉客户不要让别人知道

10. 如果客户对你的产品提出异议，你会怎么办呢？

A. 耐心地听完再解释

B. 立即辩解

C. 很紧张，语无伦次

评分标准：

A.5 分；B.3 分；C.0 分

结果分析：

·超过 45 分：说明你与客户沟通的能力比较强，请继续努力。

·30~45 分：说明你与客户的沟通在某些方面还存在问题，请自查弥补。

·30 分以下：说明你与客户沟通的能力很不足，需要通过系统的培训或自学来尽快提高。

第31讲
金克拉：对自己的产品要有信心

观点直读

金克拉：如果你想让客户购买你的产品，首先应该对自己的产品有信心，否则就不能发现产品的优点，在推销的时候也无法做到理直气壮。当客户对产品提出异议时，如果你不能找出充分的理由说服客户，也就很难打动他的心。这样一来，整个销售难免泡汤。

要想说服客户，必须先说服自己

在销售的时候，你经常会遇到客户找很多借口——有的人会说太贵、不值，有的人会说自己要考虑一下……其实，客户之所以如此，主要是因为你没有让客户百分之百地相信你和你的产品。

销售的过程就是说服客户的过程，所以你必须让客户相信你的产品能够带给他们利益。要想说服客户，必须先说服自己，即自己真心地相信所销售的产品能够带给客户利益。你要对产品充满信心，要认为客户购买产品是幸运，而不购买产品则是损失，这样你才能有底气打动客户。

金克拉认为，让客户百分之百地相信你的产品，最有效的做法是你自己要百分之百地相信自己的产品。要想成为顶尖销售员，你就要从现在开始立即消除对自己、对产品的任何犹豫和疑惑，调动浑身的激情去感染客户。

案例链接

金克拉在销售厨房成套设备时，有一个叫比尔的同事连续几个月的销售业绩都不理想。

比尔很苦恼，于是让金克拉帮他找找问题出在哪里并出个主意。

金克拉和比尔聊了一会儿后，他就明白问题出在什么地方了。

"你说这到底是怎么回事？"比尔急切地问。

"比尔，我先问你个问题，你觉得我们的产品怎么样？"

"你说的是什么意思?"比尔疑惑地问。

"很明显,比尔,你自己就对我们的产品缺乏信心,别人怎么可能对你销售的产品有信心呢?你在销售连自己都不相信的产品,结果当然不会好。"

"怎么会呢?我始终认为我们的产品很好,所以才下定决心来这里从事销售工作。我从来不否认自己销售的是美国市场上最受欢迎的厨房设备啊。"

"那你家刚刚买的是别的公司的厨房设备啊。"

"金克拉,其实我也想买我们公司的产品,可是,你知道最近我的汽车坏了,我的妻子住院两个星期花了一大笔钱。另外,孩子要做扁桃体手术,也需要住院治疗。我也觉得应该购买我们公司的产品,但现在经济条件不允许。"

"比尔,你什么时候进的我们公司?"

"5年前。"

"现在你的生活比较拮据,但你前几年没有买的理由是什么?我可以告诉你,如果你这样想,那么客户也会有同样的想法。当客户列举他自己不买的理由时,你肯定是坐在那儿勉强地微笑,并暗暗地对自己说:'嗯,是呀,我很了解你的想法,我也是因为同样的理由才没有买。'"

"那我该怎么做?"

"当客户说没有钱而不想买的时候,你要盯着对方的眼睛说:'您现在的心情我知道,但是,根据我的切身体会,暂时付出一点儿买这样的产品是值得的,您绝对不会后悔。"

向客户推荐产品要讲求技巧

当然,向客户推荐产品仅凭一腔热情还不够,还要讲求一些方法、技巧。介绍产品时一定要让客户听起来舒服,还要能满足客户的需求。为了实现这个目标,你要做好两方面的工作:一是分析产品的特点,二是分析客户的需求。客户更关心的是产品带给自己的好处,而不仅仅是产品的特点。所以,你在介绍产品时,要把产品的特点转化成客户所能得到的利益。

你要不断地和客户互动并及时发问,像"对不对"、"您相信吗"、"很好,您觉得呢",这样才能了解客户的想法,很好地引导他们的思维。如果客户相信了这些优点,他们是很愿意给予赞同的。你得到的这种赞同越多,你与客户之间取得的一致性就越高,他们愿意购买的可能性就越大。

在向客户介绍产品时切忌海阔天空地夸大其词，漫无边际地吹嘘只会引起对方反感。你要针对自己的产品的优势与劣势实事求是地说明，要始终把握一个原则，即你不是给客户传授知识和说教，而是为其提供服务和帮助，是为其解决问题和困难。这样才会消除客户对你的心理防线，客户也会从心底里接受你。因为在销售实践中，客户往往很反感与既耽误自己的时间又对自己没有帮助的人交往。

总之，你必须真正热爱自己销售的产品，把产品当成恋人一样朝思暮想，要迫不及待地跟更多的人分享它，让更多的人认识它、了解它。

工具分享

产品特性分析表

产品名称：

产品特点	与竞争产品的比较	带给客户的利益
产品功能		
产品的基本形式		
增值利益		
生产者的实力		
市场竞争的因素		

第三阶段：与客户的情感共鸣

第32讲
汤姆·霍普金斯：帮客户解决实实在在的问题

观点直读

汤姆·霍普金斯：在多年的销售生涯中，我感到赢得客户的芳心是销售的关键所在。

特德·莱维特：客户真正购买的不是产品，而是解决问题的办法。

汤姆·霍普金斯认为，销售的目的是为客户提供更好的产品和服务，帮助客户解决问题，让客户获得更多的便捷和享受。销售的重点在于关注客户渴望解决的问题，而不是产品本身。只有为客户着想，很好地帮助客户解决问题，客户才会信任你、接受你。

案例链接

汤姆·霍普金斯有一个很经典的营销案例：把冰卖给因纽特人。
我们都知道因纽特人居住在北极地区，那里到处都是冰雪，覆盖着巨大的冰盖。
如果你是冰饮销售员，你能把冰块卖给因纽特人吗？是不是有些不可思议？
然而，汤姆·霍普金斯做到了——
"您好！我叫汤姆·霍普金斯，在北极冰饮公司工作。我想向您介绍一下我们公司生产的北极冰。"
"你是说冰吗？那就不必介绍了。你看，这里到处都是冰，我们甚至就居住在冰屋子里，而且这些冰全是免费的。"
"是的，先生，您说的没错，我看得出来您很注重生活质量。这也正是我今天前来拜访您的原因。我想请教您一下，您知道为什么用这里的冰不用花钱吗？"
"这不是明摆着的事嘛，因为这里到处都是这东西。"

"没错，您说得非常正确。再请问，您使用的这些冰有人看管吗？"

"没人顾得上管这个。"

"哦，先生。您看，现在您和我都在冰上踩踏，那边还有邻居正在冰上清除鱼内脏，有小孩在冰面上嬉戏玩闹，还有北极熊留下的排泄物……请您想一想这些。"

"我宁愿不去想它。"

"也许这就是为什么用这里的冰不用花钱的原因，但您能说这是经济实惠吗？"

"对不起，我突然感觉不太舒服。"

"我明白。在您和您的家人将这种无人保护的冰块放进饮料前必须得先消毒吧？那您是如何消毒的呢？"

"当然是化成水后煮沸了。"

"先将冰块煮沸，再冷却成水，再冻成冰块，这样做难道不是在浪费您宝贵的时间吗？假如您愿意试一试，今天晚上您和您的家人就能享受到加了干净、卫生的北极冰的饮料。噢，对了，我很想知道您的那位清除鱼内脏的邻居是否也乐意享受北极冰带来的好处呢？"

"您这种冰块的价格贵吗？"

……

就这样，汤姆·霍普金斯把冰卖给了因纽特人。

因纽特人从最初的排斥、怀疑，到最后的认同、接受，心理发生了一系列复杂的变化。最终成交的根本原因是在汤姆·霍普金斯的引导下，他们发现自己确实需要洁净的冰块。

没有需求就没有解决方案。所以，你要通过分析现状让客户看到问题的严重性，以引起对方的重视，从而引发客户的购买欲望。要想让客户相信你，最简单的做法是帮他们解决问题。在具体销售的过程中，客户心里一定装着以下几个问题，如果你没有能力解答好，生意就很难成交。

· 你要跟我谈什么？

· 你说的事情对我有什么好处？

· 如何证明你讲的是事实？

· 为什么我要从你这儿买？

- 为什么我现在就要买?

每个客户的潜意识里通常都会这样想,但通常不会说出来。如果你能解决客户的问题,便能很容易地取得客户的信任。只有客户从心底里接受你、信赖你,才能购买你的产品甚至帮你做宣传。要想做到这一点,你一定要将客户的利益放在首位,全心全意地关心客户。当客户感受到你的真诚时,你离成功也就不远了。

观点图解

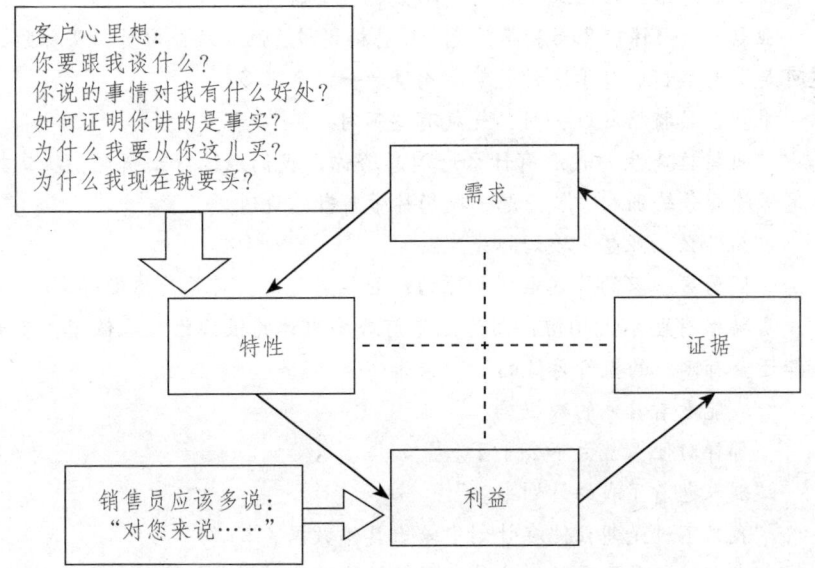

销售提议的程序

第33讲
弗兰克·贝特格：拿事实证据给客户看

观点直读

弗兰克·贝特格：为了吸引客户而不惜编造谎言，或者夸大其词，让客户在被误导之下购买你的产品或服务，这是销售中的大忌。

案例链接

一天，弗兰克·贝特格接到一家著名的园林设计建筑公司的总裁亚瑟·埃姆林打来的电话，让他到公司去一趟，说有事需要面谈。

亚瑟·埃姆林前几天和弗兰克·贝特格说过，他要给公司员工买保险，这可是个大单啊。对于这种大单，竞争者一定会很多。

果然，贝特格赶过去时，气氛有些不对。

"贝特格先生，我没有什么好消息给你，我们经过仔细研究，决定把这笔保险业务给别人。"亚瑟·埃姆林带着歉意说道。

"为什么，亚瑟·埃姆林先生？"

"因为另一家的计划虽然和你的计划相差无几，可是价格低得多。"

贝特格有些不太相信，因为他先前给埃姆林的报价已经很低了，不大可能还会有比他的报价再低的了，除非……

"我能看看具体的数据吗？"

"那样对他人就太不公平了。"

"别人也看了我的计划书。"

"我只不过是想让他在计划中给出具体数据。"

"我相信您是公平的。为什么不把给他的这种恩典给我呢？"

"好吧。"埃姆林把另一家保险公司的计划书递给了贝特格。贝特格一眼就发现了这份计划书的毛病——投保人的收益被夸大了。这完全是在误导客户。他略一沉思，有了主意。

"我能借用一下您的电话吗？"

"请便。"

"埃姆林先生，我想请您在另一部分机上也听听。"

"好的。"

"您好，我是贝特格，我想请您帮个忙可以吗？"贝特格拨通了那家保险公司的经理的电话。

"请讲。"

"请帮我查一下新修改的人寿保险合同中关于 46 岁投保人的收益的规定。"因为埃姆林的年龄是 46 岁。对方向贝特格提供了具体数据，这些数据和贝特格手中的那份计划没有出入。

"请告诉我投保人第一个 20 年的收益的数据。"

"我没法向您提供，因为我们公司没有划定这个阶段的收益的数据。"

"为什么？"

"这是一种新寿险合同，保险公司不知道那些投保人以往的情况，所以现在还无法计算出来。"对方接着补充说，"我们没法预测未来的情况，而且法律也不允许预测未来的收益。"

"谢谢。"贝特格挂断了电话。

"事情原来是这样的，我们差点儿被骗了。"埃姆林听完整个谈话后看着他的助手们说，"谢谢你，贝特格先生！"

结果毫无疑问，这单生意还是贝特格的。

很多时候，客户为了获得更多的利益，往往会货比三家，还会拿出竞争对手给的优惠来跟你说事。

有些销售员遇到这种情况往往会辩解或反驳。弗兰克·贝特格认为，这时你不必急于否定客户的说法，否则很有可能会引起客户更强烈的反对。正确的做法是等客户说完后，你再根据自己的产品的竞争优势与客户提到的竞争对手的产品进行客观地比较，通过事实说服客户。客户通常相信自己亲眼看到的数据。

所以，如何组织事实和数据成了你的重要工作内容。如果你能准备翔实的资料、最佳的解决方案、充满说服力的数据和图文资料，用不着口吐莲花般的雄辩，客户也会信服你。

工具分享

竞争产品分析表

评分标准可以自行设定：尽可能对产品的多项指标进行分析

比较项目＼竞争产品		产品名称	材料	质地	规格	美感	颜色和包装	功能	科技含量	价格	结算方式	运输方式
产品一	描述											
	得分											
产品二	描述											
	得分											
产品三	描述											
	得分											

第34讲
金克拉：让客户明白产品的价值

观点直读

金克拉：有时候你必须向客户说明产品的特征和功能——这个信息将会让客户相信，你了解自己的业务，也明白自己的产品的价值。而且只有当你清楚地摆出产品的益处时，客户才愿意掏钱。

特征 —— 功能 —— 益处

在销售活动中，人们谈论得最多的是产品的特征、功能和益处。

特征就是某个产品或服务区别于其他产品或服务的某种存在。每种产品或服务都有几个显著的特征。例如，圆珠笔有笔夹，这就是其特征。

功能就是产品或服务所执行的动作，或者说产品或服务的特殊部分能做什么。每个产品或服务都有一个或多个功能。圆珠笔的笔夹的功能就是让笔能够夹住你的口袋。

益处就是使用产品时其特征和功能的优势，或者说其特征和功能可以为客户做什么。每个产品或服务可能有很多好处，例如圆珠笔的笔夹可以防止你把笔弄丢了。

两个重要的问题

你要知道，客户买的是产品能给自己带来的益处。

先回答两个简单的问题。每个问题可以有三个答案。请尽可能完整地回答这些问题并且保证你给出的答案是相互匹配的。

第一个问题：你销售的是什么产品？

1. _____
2. _____
3. _____

第二个问题：客户要买什么产品？

1. _____
2. _____
3. _____

对于这两个问题，金克拉给出了自己的答案：

第一个答案：我销售的是能改变人生的工具，它能让客户在过去克服困难，在现在取得进步，让未来充满希望。

第二个答案：客户要购买的是在过去能给他们力量，现在能让他们不断地进步，将来能给他们希望的工具。

很显然，这两个问题的答案是相匹配的。

总之，当你给客户的需求提出解决方案时，必须向客户说明产品的特征和功能。客户并非因为产品是什么样的而去购买，他们要购买的是使用你的产品能够带给他们的益处。

题外链接

FAB 法则

在讲解产品时，运用"FAB 法则"可以有效地将产品的特性转化为客户能获得的利益。

所谓 FAB，就是 Feature（特性）、Advantage（优势）和 Benefit（利益）三个英语单词首字母的缩写。根据该法则，在讲解产品时应当先介绍产品的属性和特点（F），然后介绍这些特点的作用和优势（A），再重点阐述一下这些优势能带给客户的好处和利益（B）。

在使用"FAB 法则"时，首先要分析客户的需求，找出他们主要的购买诱因，以便有针对性地展示产品，解疑释惑。然后按照 F、A、B 的顺序介绍产品，将产品的特性导向客户最感兴趣的利益点。由于这个过程具有较强的逻辑性和针对性，因此说服力很强，客户不仅听得懂，而且很容易接受。

例如，在介绍一款浓缩洗洁精时，针对注重经济实惠的客户，可以用如下方法介绍：

F（特性）："这款浓缩洗洁精是高效浓缩配方。"

A（优势）："只需数滴原液即可有效地清洁餐具，还可根据油腻程度稀释成不同的浓度使用。"

B（利益）："长期使用，您会发现它既经济实惠，又利于环保，还节省了购物时间。"

第 35 讲
金克拉：挖掘和解决已经存在的需求

观点直读

金克拉：请记住，你不能发明或者创造需求，那不是销售，你要做的是挖掘客户已经存在的需求或问题，然后给出解决方案并提供优质的服务。

金克拉认为，挖掘和解决已经存在的需求应该是有计划、有技巧的，绝不是拿着传单在大街上等客户、撞运气。

他所谓的计划包括四个步骤，也就是他提出的"四步规则"。

第一步：分析需求

优秀的销售员会通过细致地观察客户，发现其需求。这些需求有可能存在于表面，也有可能隐藏于表面之下，但是他们确确实实存在。有时候，即便客户主动来找你寻求产品信息或服务，他们也可能并未真正了解自己究竟想要什么。作为销售员，你的职责就是让客户把自己的需求展现出来。

一般来说，客户要么就是买自己需要的，要么就是买自己想要的。大多数客户只是带着愿望来的，并没有认准某个具体的目标产品。如果你能给客户提供一些让他们购买的理由，那么成交的可能性就会大增。

从这个意义上说，客户的愿望和需求基本上是可以互换的。因此，在你挖掘客户需求的时候，不要对他们的愿望置之不理。

案例链接

很多年前，当金克拉还是烹饪用具销售员的时候，他经常给非常需要厨具的家庭展示产品。一次，在准备给一对夫妇演示之前，他找机会清点了一下他们的厨房用具，厨房里几乎什么都没有。由于他们的需求确实很大，所以金克拉用了近两个小时进行展示。但是，到最后这对夫妇仍然坚持不买。女主人对金克拉说:"我们没有那么多钱,这套厨具的价格实在太贵,我们无法承受。"

正当金克拉收起样品准备离开的时候,三个人中不知是谁无意中提到了瓷器。这位夫人突然眼睛一亮,对金克拉说:"瓷器?你也销售做工精良的瓷器吗?"

"是的,夫人,"金克拉回答,"我们卖的是世界上最好的瓷器。"

30分钟后,金克拉带着比一整套厨具的价值高得多的瓷器订单离开了这户人家。现在回头想想,如果她承受不了这套她急需的厨具的价格,那她怎么能够承受那套并不需要的瓷器的价格呢?答案是她不愿为自己不想买的厨具掏钱,但可以为自己确实想买的精美瓷器掏钱。

今天,出色的销售都是以客户的愿望为驱动。很多时候,人们往往会买他们想要买的东西,而不去过多地关心这个东西值多少钱。

那么,怎样才能发现客户的愿望和需求呢?金克拉给的建议是试探——通过提问收集信息,你就能发现客户的需求。这里需要特别注意的是你千万不要被自己看到或感觉到的表面现象迷惑,因为很多时候它并不能正确地反映客户的真正需求。

第二步:灌输需求意识

有时候,客户的需求意识很不明确,换句话说,连客户自己也并不十分确定自己的真实需求。因此,你首先要通过提问了解客户的需求,然后将这个需求意识慢慢地灌输给客户。

如果你没有真正确定客户的需求,也没有把这个需求清晰地展现在客户面前,那么你的销售很有可能会失败,即便暂时成功了,你与客户的关系也不会维持太长时间。

第三步:展示解决方案

现在你要做的是展现你的产品或服务,展示你的解决方案。

在这个阶段,不要让产品引导你,因为客户买的是产品带来的益处或解决方案。简而言之，客户买的不是产品的具体形态，而是这个产品能带给他们的好处。

所以，这个时候请不要再滔滔不绝地向客户描述这个产品是什么了，否则不仅是在浪费你的时间，也是在浪费客户的时间。你要告诉客户这个产品能做什么以及它为什么能这样做，它为什么能比其他同类产品做得更好。

第四步：追踪客户的满意度

客户的满意度越高，其忠诚度也会随之提高。如果你真的想让客户受益，如果你真的想通过辛勤努力获得更高回报，那么请一定要记住：做好客户满意度的追踪工作。

第 36 讲
汤姆·霍普金斯：不必把产品的缺陷当作秘密

观点直读

汤姆·霍普金斯：在销售过程中，如果你忽略了产品的某种缺陷，那么你的销售工作就会更加艰难。因此，永远不要把产品的缺陷当作秘密。

我们都知道，任何一件产品都不是完美无瑕的，而那些或多或少的缺陷都对销售不利。因此，很多销售员在销售产品时，会尽可能地遮掩产品存在的缺陷。

汤姆·霍普金斯却不认同这种做法。他认为，并不是你凭着三寸不烂之舌把产品吹得天花乱坠，客户就会相信，销售就会成功。事实上，如果你的说辞过于完美，可能会引起客户的怀疑。一旦客户发现了产品的缺陷，就会有一种被骗的感觉。到那时，任你说得再好听，客户也会掉头走人，而且很有可能永远不再光顾你的生意，甚至还有可能会告诉他们周围的人你是个骗子。

与客户接受不了产品的瑕疵而未能签单相比，这个损失岂不是更大？

汤姆·霍普金斯建议，既然产品有缺陷，那就大大方方地把它讲出来，这样客户反倒会认为你是个坦诚的人而对你产生好感。如果能很好地利用这些不利因素，或许你还能把失败扭转为成功。

因此，永远不要把产品的缺陷当作秘密。向客户如实地反映产品的优点和缺点，站在客户的角度考虑问题，你或许能取得客户的信任。

案例链接

汤姆·霍普金斯曾经有过这样一次销售经历。

汤姆·霍普金斯所在的公司曾在洛杉矶西北部开发了拥有20幢房屋的住宅小区。

两年之后，这个小区还有18套房子没有卖出去。因为这些未卖掉的房子位于罗斯利路，距离这些房子不远处有一道围墙，围墙外有条铁路，每天有三列火车会经过这里。

这也正是这些房子卖不出去的原因。

汤姆·霍普金斯了解到这个情况后，主动请缨销售这些房子。这可是其他销售员都不愿接手的任务啊。

说实话，公司的经理为销售这些房子伤透了脑筋。当汤姆·霍普金斯向他提出想要销售这些房子时，他很高兴，但也颇为不解。

"你有什么好办法售出这些房子呢？一定是降价促销吧？"

"不，我不仅不降价，还要将每套房子的价格提高20美元。不过，我请求用这笔钱为每户买一台彩色电视机。如果您同意，我会在月底之前将这些房子卖出去。"

"它们两年多都没有卖出去，你说这个月底就能卖完，还要提高价格？"

"没错，我是这么说的。"

"那好吧，就按你说的去做吧。"

一般来说，人们可以在任何时间前去参观房产经纪人开放的待售房屋。可是汤姆·霍普金斯不这么做，他只在火车驶过的那个时候让来购买房子的客户参观。也就是说，每天开放三次。

第三阶段：与客户的情感共鸣

他在这些房子前面立了一块牌子，上面写着：这些房屋拥有非凡之处。敬请参观。

每次参观开始后10分钟，火车会从罗斯利路旁轰隆隆地驶过。汤姆·霍普金斯就利用火车驶来之前的几分钟时间向客户推销。

"欢迎！请进！"汤姆·霍普金斯在门口招呼人们进入房间。

"我要各位在这个特别的时刻来这里参观是想让大家感受一下我们罗斯利路上每一栋房子独一无二的特点。首先，我要你们听听看，然后告诉我，你们都听到了什么。"

显然，汤姆·霍普金斯的问题引发了大家的好奇。"这里会有什么？这个人到底要做什么？"

"听到了冷气的声音。"人们一般都会这么说。

"没错，如果我不提出来，你们也许不会注意到冷气机的声音，因为你们早已习惯了这个噪声。但是，当你们第一次听到这个声音的时候，一定会注意它。也就是说，对于任何噪声，一旦我们习惯了它以后，它就不会对我们造成困扰了。如果你们买了这栋房子，就需要适应一段一天3次、每次90秒钟的噪声，但是我相信你们很快就会习惯的。"

接着，汤姆·霍普金斯带着大家走进客厅，指着那台彩色电视机说："开发商将把房子和这台漂亮的彩色电视机一同送给你们。"

说着，汤姆·霍普金斯打开电视机，将它调到正常的音量后说："想象一下你和你的家人坐在这里，观看电视节目的情景。"

这时，火车由远而近轰隆隆地驶过。在这段90秒的时间里，每个人都很清晰地听到了火车的声音。

"各位，我要让你们知道，火车一天经过3次，每次90秒钟，也就是一天24小时中共有四分半钟火车会经过。这是事实。现在，我想请问大家：'您愿意忍受这四分半钟很快就能习惯的噪声，来换取一套漂亮的房子和一台全新的彩色电视机吗？'"

结果，三周之后，18套房子全部被售出。

第37讲
博恩·崔西：体验后，让客户把感觉说出来

观点直读

博恩·崔西：客户在体验过产品之后，你就要及时地问。问什么？问客户对产品的感觉。因为这样才能让客户把这种感觉说出来，从而加深他们对产品的感觉。那么，让他们做购买的决定也就容易多了。

乔·吉拉德：当客户手握方向盘时，他们会觉得自己似乎已经是车的主人了，而这正是我希望他们拥有的感觉。我希望他们逐渐习惯拥有我的产品，一旦他们习惯了，那么成交就仅仅是办个手续的问题。

用再煽情的说辞也不及让客户亲身体验

在销售的过程中，你给客户提供的是产品、服务或解决方案。这种产品、服务或解决方案到底怎么样，最好的办法是让客户亲自试一试，这就是所谓的体验。

体验式销售靠的就是客户的感受。也就是让你的客户亲自感受你的产品。在客户有了亲身体会并认可、接受你的产品后，他们很有可能把产品介绍给他人。

通常情况下，人都具有"用感性做重大决定，用理性说服自己接受这个决定"的心理特征。换句话说，人的感觉对自己的判断力的影响要远远大于事实本身。因此，用再煽情的说辞也不及让客户亲身体验有说服力。

出色的销售员会把产品和客户的情感联系起来。例如，出色的珠宝销售员会把钻戒戴在女客户的手指上，然后观察她的反应。如果她喜欢这枚戒指，那么就可以按照假定成交的方式进行说服。

同样地，出色的服装销售员只要发现客户对架子上的某套衣服钟情时，就会走上前去跟客户说："我们的更衣间在那边，您可以穿上试试看。"等客户换完衣服以后，销售员会把他直接带到穿衣镜前。

乔·吉拉德在销售汽车时，常常设法让客户试驾——让他们去体验驾

第三阶段：与客户的情感共鸣

驶新车的感觉，让他们闻新车的那种气味。当客户对汽车产生好感之后，一般就会很容易做购买的决定。

体验无形产品的方式

对于有形的、实实在在的产品来说，让客户亲身体验是件很容易的事，但对于销售无形产品的行业，这种方式还能适用吗？

实际上，当你请客户凭空想象时，即使没有具体的东西让他们体验，也能起到体验的效果。

案例连接

在销售期房时，房地产经纪人可以带着客户站在将要建造住宅的空地上，然后告诉客户："我们现在站的位置将来是你们家的客厅，那儿是卧室，还有那儿是厨房和卫生间。喏，开放式观景阳台在那儿。将来你坐在阳台上的躺椅里，就可以看到两千米以外的青山绿水了。啊，对了，游泳池会建在这块地的南面，这样你可以在游泳后晒晒明媚的阳光……"

一位人寿保险经纪人绘制了两幅栩栩如生的画，一幅画画的是一位先生跟太太吻别后，从佛罗里达的社区住宅中走出来，正要驱车前往高尔夫球场与伙伴碰面的情景；另一幅画画的是一个生活穷苦、孤独无依的人垂头丧气地走在空旷的大街上的情景。

然后，经纪人就指着第一幅画告诉客户，这就是购买了人寿保险的人所过的生活，他是多么幸福！那么第二幅画中的先生就是因为没有购买人寿保险才过得如此凄凉。他在引导客户一同欣赏画作的同时，无形中已经将客户带入了心理体验之中。

让客户说出体验后的感觉

有时候，客户在试过产品之后可能还是不买你的产品，这是怎么回事呢？

博恩·崔西认为，这是因为客户在体验过你的产品之后，对自己的感觉还是无法准确把握，于是就无法做购买的决定。所以，在客户体验过产品之后，你就要及时地问客户对产品的感觉，让他们把这种感觉说出来，这样会加深他们对产品的感觉，那么让他们做购买的决定也就容易多了。

需要注意的是，若想让客户在体验后爽快地接受你的产品，就要做好以下几点：

首先，需要精心设计体验。不管是具体的产品还是无形的服务，你都要去精心设计，因为只有精心设计的体验才能为你的产品加分。

其次，在服务中融入更多的体验成分。当下，产品的同质化现象越来越严重，所以，只有尽可能在服务中增加更多的体验成分，才能够更好地突出产品的个性。

最后，体验流程及环境要突出以客户为中心的原则。要让客户在整个体验过程中觉得被尊重，是一种享受，心里很舒服。只有这样客户才会积极地配合你的引导。

只要你做好了这些，客户在体验过你的产品之后，肯定会把他们的感觉告诉你，你也会顺利地完成自己的销售任务。

题外链接

客户购买过程的七个心理阶段

阶段1：引起注意。

例：有这回事？以前从没听说过。

阶段2：产生兴趣。

例：真能这么快吗？它是分页、装订一次完成吗？

阶段3：产生联想。

例：我穿上这套衣服去参加宴会，一定会成为众人注目的焦点。

阶段4：激起欲望。

例：有了这辆新车，可以邀请她去海边兜风。

阶段5：进行比较。

例：和别的产品比较，这款产品还是很划算。

阶段6：下定决心。

例：有了这台笔记本电脑，我随时都能查到任何资料，我在任何地点都能发挥最大的工作效率，我应该买它。

阶段7：心里满足。

例：今天总算不虚此行。

第38讲
弗兰克·贝特格：不要当着客户的面诋毁竞争对手

观点直读

弗兰克·贝特格：千万不要当着客户的面批评或诋毁你的竞争对手。

案例链接

有一次，贝特格去拜访钟尼斯先生。说明来意后，钟尼斯告诉贝特格，他已经买过三份寿险了。

"钟尼斯先生，您购买的是哪家保险公司的保险？"

"纽约人寿保险公司、天佑保险公司，还有大都会保险公司。"

"哦，您的眼光可真不错！"

"真的吗？"

"这几家都是保险业一流的保险公司啊。"

贝特格向钟尼斯详细讲了这几家大型保险公司具备的一些优势，证明它们确实是保险界一流的保险公司。随后，贝特格又将自己所在的菲德利特公司和那几家公司进行了客观的对比。

有时候，一些销售员为了争取客户，可能会贬低竞争对手的产品而竭力夸赞自己的产品。贝特格能够如此公正客观地评价竞争对手，给钟尼斯留下了非常深刻的印象。他认为贝特格是值得信赖的人。

数月之后，钟尼斯不仅在贝特格那里购买了保险，还介绍公司的其他四名高级管理人员向贝特格购买了保险。

尽管商场如战场，但如果你刻意地放大竞争对手的缺点甚至诋毁对方，不仅无益于提高客户对你的美誉度，而且会让客户觉得你小肚鸡肠，不够实在。

当然，夸赞竞争对手并不是你的真正目的，而是借此获得客户的信任，你的终极目的还是要把自己的产品推销出去。

案例链接

一个销售员是这样向客户推销奔驰汽车的：

销售员："先生，您目前开的是什么车？"

客户："宝马。"

销售员："宝马是德国汽车，是市场上非常棒的一款车，既豪华又高档，品质也高，我们也非常欣赏。但这些优点奔驰统统都有，而且奔驰还有一些优点是宝马目前不具备的。"

客户一直保持沉默。

销售员："先生，如果您今天不买奔驰，我建议您还是买宝马，因为它确实是除了奔驰以外市场上最好的汽车了。"

客户微笑着说："不知道奔驰比宝马多了哪些优点？"

接下来销售员介绍了奔驰车的特点与优势。

最后，客户决定买奔驰车。

每个人、每款产品都有优点，也有缺点。优秀的销售员应该站在公正的角度客观地分析和比较竞争对手的产品，告诉客户你的产品的优点在哪里，你的产品与其他家的产品的不同点在哪里，这样才会使客户了解你和你的竞争对手，让他们在对比中做选择。

第39讲
乔·吉拉德：公司的声誉是强有力的卖点

观点直读

乔·吉拉德：公司的声誉是强有力的卖点，它可以帮助你达成交易。

好公司可以为销售助力

乔·吉拉德认为，在销售过程中别忽略了自己的公司或生产产品的企业。

事实也是如此。

即便客户不认识、不了解你，但是如果你的公司是IBM、奔驰、海尔、索尼等知名大型企业，他们也会下意识地把这些公司强大的品牌影响力以及良好的声誉移植到你的身上，对你心生信任和敬意。如此，你和他们在接下来的沟通中就会少很多可能出现的障碍。

换句话说，好公司是销售员强大的后盾。如果你所在的公司美名远扬，那么你在销售中就会如虎添翼，更加顺利。多数情况下，你可能代表的是一家名不见经传的小公司，那该怎么办呢？短期来看，虽然公司的声誉给不了你太大的帮助，但你也要尽可能地向客户展示你的公司的优势和特点。想想乔·吉拉德的"250定律"。到那时，会有越来越多的人知悉你的公司，而公司的声誉也一定会成为你销售的强大助力。

推销公司也是在推销自己

乔·吉拉德认为，不管你代表的公司规模有多大，你都是客户与公司之间的联络人。

因此，你要将自己当成公司的喉舌，尽自己最大的努力把自己所服务的公司告知客户，把它最大的优点推销给你身边的人，为提升公司的知名度和美誉度助力。

知名广告人奥格威曾说过:"企业不宣传,就像人在黑暗中向别人抛媚眼,就像一艘轮船在黑暗中航行。所以,企业需要整体的、外向的宣传,也需要企业的员工对外推销。"

从某种意义上讲,你就是公司——客户眼中的公司。

所以,当你在推销公司时,其实也是在推销自己。

题外链接

活动营销

所谓活动营销,是指企业通过介入重大的社会活动,或者整合有效的资源,策划大型活动,从而迅速提升企业及其品牌的知名度、美誉度和影响力,促进产品销售的一种营销方式。

近年来,随着市场与品牌竞争越来越激烈,活动营销的价值正在日益突显,它具有减少消费者接收信息的阻力,提高消费者参与的热情,吸引消费者的注意力以及加强消费者认同感的作用。开展适宜品牌的活动,进行营销传播推广,对企业新产品上市、扩大市场份额、解决库存产品积压、深度传播品牌具有非常重大的意义。

[阶段测试] 讲解和示范产品的能力的测试

讲解和示范产品是销售活动中十分重要的环节。它是通过介绍和演示产品的特性、功能等,让客户真切地了解产品能带给他们什么利益,以激发客户的购买欲望。你在这个环节中做得如何呢?请通过以下测试来检验一下吧!

1. 在介绍产品时,你会怎么做呢?
A. 结合客户的个性化需求,进行有针对性的讲解
B. 全面介绍产品的各种特性,让客户自己去想有什么好处
C. 只介绍自认为重要的产品特点

2. 你对产品示范在销售中的作用怎么看呢?
A. 能增强说服力,促进销售
B. 主要是补充说明
C. 可有可无

3. 你能熟练地讲解或演示所销售的产品的功能吗?
A. 能,这是基本要求
B. 有的可以
C. 不能

4. 你认为产品介绍的重点应当是什么呢?
A. 产品能带给客户的好处
B. 产品的特性、功能
C. 产品的操作技巧

5. 你讲解产品时会选用实物工具做辅助吗?
A. 经常这样做
B. 偶尔这样做
C. 从不这样做

6. 你认为让客户参与产品演示重要吗?
A. 非常重要,最好让客户参与
B. 偶尔可以让客户帮帮忙
C. 没有必要,怕客户影响演示

7. 你在做产品演示时,会让客户亲自体验吗?
A. 是的,经常让客户亲自体验
B. 偶尔这样
C. 让客户看看就可以了

8. 你认为夸大产品的功效有利于销售产品吗?
A. 不但不利于销售,有时还会起反作用
B. 适当夸张才能吸引客户购买
C. 有利于产品销售

9. 你在介绍产品时,是否会夸大其功效以吸引客户呢?
A. 实事求是,从不夸大
B. 有时会添油加醋
C. 经常这样,否则客户不能快速决定

10. 你会关注客户在你讲解和演示产品过程中的反应吗?
A. 是的,时刻关注
B. 只在讲解结束后关注
C. 不太关注

评分标准:
A.5 分;B.3 分;C.0 分

结果分析:
· 超过 45 分:说明你在讲解和演示产品时做得不错,请继续努力。
· 30~45 分:说明你在讲解和演示产品时还存在某些误区,请自查修正。
· 30 分以下:说明你在讲解和演示产品时做得远远不够。

第40讲
博恩·崔西：关心客户，让客户对你有亲近感

观点直读

博恩·崔西：销售是从关心人开始的，你只有关心客户，才能让客户对你产生亲近感。

西门·海尔：你说什么，客户不会记得多少，但你带给他们的感受，他们永远忘不了。

案例链接

一次，两位六十岁左右的客户想买保险，他们一边仔细看着宣传单，一边嘀嘀咕咕地商量着。博恩·崔西见状，微笑着迎上去向他们认真地介绍了购买各种保险的条件、金额和优惠政策。

听完博恩·崔西的介绍，两位老人还是拿不定主意，他们说过几天再来看看。

"没关系，这是两份保险单，你们拿回去再好好看看。"博恩·崔西把他们送出了办公室。

这时，突然下起了雨。博恩·崔西回自己的办公室拿来一把雨伞递给两位老人。他们推辞了半天不愿接受，因为他们觉得自己没有买保险，怎么能接受人家的好处呢？

博恩·崔西看出了两位老人的心思，笑着说："买不买我们的保险没有关系，这把伞是我的，你们先拿去用，回头有时间顺便带过来给我就行。"

两位老人相互交换了一下眼神，接过雨伞，连声说"谢谢"。

第二天，两位老人又来了，他们不仅带回来了雨伞，还带回来两份他们已经签过字的保险单。

销售是从关心客户开始的

博恩·崔西认为，销售是从关心客户开始的，你只有关心客户，才能让客户对你产生亲近感、信任感。

虽然这句话很简单，但蕴含的道理不简单。

关心人首先是出发点，强调的是发自内心的关心，而不是带有强烈的目的性且让人一眼就能识破的虚情假意。

几乎每一位客户都渴望得到销售员的关心和重视，渴望得到适合自己并能带给自己实惠的产品和服务。但由于不同的客户的经历各不相同，导致其谈论的话题、爱好、期望也会有所不同。所以，你要把客户当成你的朋友，要有真诚地为客户服务的心态，努力将自己塑造成善解人意的聆听者，成为专业的建议者。

设身处地的替客户着想

美国"汽车大王"福特说过这样一句话："假如有什么成功秘诀，就是设身处地的替别人着想。"所以，要想成功销售，就要想办法让客户得到他们想要的，帮助客户解决实际问题。

案例链接

有一位销售员在给客户打电话时听到客户说他现在在医院。

"您生病了吗？"这位销售员立即关切地问。

"没有，是我太太要生孩子了。"

"哎呀，恭喜恭喜，祝他们母子平安！"

客户在第二天就收到了这个销售员寄到的祝福的鲜花。

想一想，客户在收到祝福的那一刻会有怎样的感想呢？

销售的过程其实就是你与客户相互影响和作用的过程，是你与客户之间复杂而微妙的沟通过程。如果你能发自内心地关心客户，客户就能在情感上接受你。只要你能成为他们的朋友，就可以很容易地实现销售目标。

技巧学堂

美国顶尖业务高手服务客户的法宝

与客户建立友谊的三个因素：

- 你必须真心地关怀客户。
- 你愿意花一点时间跟客户相处。
- 尊重客户，花时间促使友谊茁壮成长。

改变对待客户态度的三个方法：

- 把客户看成只有 24 小时生命的人。你会如何耐心、诚恳地对待他呢？
- 把客户想象成只有 5 岁的孩子。你会如何以积极的态度鼓励他呢？
- 想象你将要跟这个客户共同生活在一间小房子里。你会以什么态度对待他呢？

第 41 讲
马里奥·欧霍文：让客户在第一时间喜欢你

观点直读

马里奥·欧霍文：感情——理解——感情，这是赢得客户芳心的重要公式。

马里奥·欧霍文常说："你要站在客户的角度以自己的热情与真诚帮助客户达成他们之所需；对他们的任何想法包括反对意见都要表示理解与信任，让你们的谈话能够继续进行下去；在最后签约阶段，要再度利用情感，唤起客户新的购买欲望。"

这是他多年从事销售工作获得的心得。

让客户在第一时间喜欢你

马里奥·欧霍文认为,出色的销售员首先推销的是自己。对任何一名销售员来说,如何让自己变得与众不同,如何让客户在第一时间喜欢你,至少记得你,既是挑战,也是基本的能力要求。只有让客户喜欢你,才能成功地与客户建立起友情和信任的纽带,在接下来的销售中得到客户强烈的认同感。

这是马里奥·欧霍文所谓的第一个"感情"。

找到客户的真正需求,帮助其解决问题

要想赢得客户对你的好感,得有全心全意为客户提供帮助和服务的意识。如果你为了达成销售目标而表现得急功近利,或者假装热情,客户是能感受得到的。

正如马里奥·欧霍文所说的:"聪明的销售员会用一种比较容易成功的销售术——介绍产品时先说明此产品能带给客户多少潜在的利益,而且预先计算好一年能替客户节省多少开销,甚至数年下来能够为客户节省多少钱,等等。节约成本对客户而言是最直接的好处,也是客户无法抗拒的好处。"

销售其实就是帮客户找到他们的真正需求,为客户提供解决方案,帮助其解决问题,最终达成你的目标的过程。

例如,销售文化用品的销售员只着重于介绍产品特色而忽略了产品的潜在价值——能为客户节约多少办公经费,不管他的介绍多么出色,成功的希望都不会太大。

这是马里奥·欧霍文所谓的"理解"。

从"情"字切入

马里奥·欧霍文所说的最后一个"感情"指的是销售员要在销售过程中投入情感。他说:"聪明的销售员一定知道别的销售员也会以产品的特色和益处说服客户,所以便会另寻高招吸引客户的注意,例如动之以情。"

乔·甘道夫曾说:"销售工作98%是感情工作,2%是对产品的了解。"销售的过程中,客户从产生购买意愿到成功购买,是由多种因素促成的,而情感因素时常起着决定性的作用。如果你能从"情"字入手,找到企业与客户情感沟通的纽带,进行准确的定位和有分寸的切入,使客户持续不断地感受心灵的冲击,即能够潜移默化地影响客户心理,从而激发其潜在的购买欲望。

马里奥·欧霍文认为,使用这种方法的先决条件是对客户有清醒、准确的判断。对症下药才能收到奇效。

人非草木,孰能无情。如果把客户当成朋友,当成是你最亲近的人对待,你就会在短时间内引起客户的兴趣,让客户相信你所说的话。因为几乎每一个人都希望得到别人的关心。

技巧学堂

七种化解客户抵触心理的方法

- 通过讲笑话、故事或者做某个表情动作,让客户笑起来。
- 真诚地赞美客户的外貌、穿着或性格等。
- 谈谈你们共同的朋友或共同认识的人,但切忌东拉西扯。
- 谈谈你们共同感兴趣的话题,例如工作、爱好等。
- 找出客户对你的产品或服务的看法。
- 问客户问题,然后仔细聆听他们的回答。
- 给客户送礼物,但是不要让他们觉得一旦接受了礼物就必须购买你的产品。

第 42 讲
原一平：让客户得到应有的尊重

观点直读

原一平：我之所以能够取得今天的成就，秘诀之一就是尊重客户。

乔·吉拉德：在销售演示中，你除了做好事前准备以便让客户做决定外，还要让客户觉得他们很重要。你可以通过满足客户的自尊心或虚荣心来达到此目的。

人人都有自尊心，都希望得到别人的尊重、认同和赞扬。

因此，如果你能在销售中主动满足客户的自尊心，则可以大大提高销售的成功率。

原一平从明治保险公司的一名基层见习保险销售员做起，历经 9 年的磨炼，取得了保险业绩全日本第一的成绩，还将这个纪录维持了长达 15 年。当别人向原一平请教其中的秘诀时，他归纳为两个字：尊重。

出色的销售员都有一个共同的特点，就是他们都知道怎样利用细节来传达对客户的尊重，从而更快地赢得客户的信任。

下面我们从九个方面分析销售员应该注意的小细节：

着装细节

西装革履是销售员惯常的着装，这样的着装会给人庄重、专业的印象，但在有些场合，这种着装方式并不是最佳选择。如果与被拜访的对象着装反差太大，反而会无形中拉开双方的距离。

因此，专家建议：最好的着装方案是"客户+1"——只比客户穿得好一点儿。这样既能体现对客户的尊重，又能令客户感到亲近。

多说"我们"，少说"我"

尽管两个词语只差一个字，但是其隐藏的情感意义完全不同。你在说"我们"时，会给客户心理暗示：你和客户是在一起的，是站在客户的角度想问题。这样更容易拉近双方的距离。

随身携带记事本

你要养成随身携带记事本的习惯，以便随手记下客户的信息及拜访中涉及的事项，方便以后查阅参考。

记录的内容可以包括：拜访客户的时间、地点，客户的姓名、头衔，客户的需求，答应客户要办的事情，预约好的下次拜访的时间等。

此外，一边听客户说话一边做笔记，还可以鼓励客户说出自己更多的需求，让客户产生被尊重的感觉。

永远比客户晚放下电话

一定要记住，在与客户通电话时，千万不要比客户先挂断电话。

虽然你的时间很宝贵，但还是有必要注意这个细节。这样既能保证对客户的充分尊重，还能听到非常完整的信息，因为客户有可能在最后还有话要讲。

与客户交谈中不接外来电话

在与客户谈话时，尽可能不接听电话。即使你在接电话前征得了对方允许，对方也会觉得自己不被重视。所以，在这种情况下，你最好立刻挂断电话，等谈话结束后再立即打过去。

与客户的谈话方式保持一致

虽然口若悬河可以将更多的信息快速传达给客户，但是假如你遇到的是反应迟缓或年纪大的客户，这种谈话方式就不会受欢迎。

所以，你不能完全按照自己习惯的方式谈话。要想和客户拉近距离，使客户放松紧张的戒备心理，就要尽量顺着客户的谈话方式去沟通。

拜访客户要守时

有的销售员认为自己只比与客户约好的时间迟到几分钟,不会对销售结果有什么影响。这种想法是错误的,你一定要注意。迟到几分钟给客户的印象是你没有时间观念,不守时,不尊重他们。

所以,在拜访客户前要提前做好准备,最好早点儿出门。

不在客户讲话时插嘴

在客户讲话时,一定要认真地聆听,千万不要随意打断。否则非常容易引起客户的反感,也会因为客户讲话中断而丢掉一部分本该收集到的有用的信息。

不要轻视弱势客户群

对待弱势客户要像尊重其他重要客户一样尊重他们,甚至还要加倍用心,因为这类人相对来说较为敏感。

尊重别人是自身的修养,没有谁比谁更高贵,尊重自己、尊重客户才是正确的工作态度。

技巧学堂

能让客户感到快乐的六种方法

- 要时时笑容满面,营造轻松的沟通气氛。
- 要尽量笑得灿烂,这样你的笑容也会感染对方。
- 要用面部表情或手势暗示什么时候你会开怀大笑。
- 在开怀大笑之前请先低声笑(猛的一声大笑会吓着客户)。
- 要适当地运用身体接触,例如友好地握一下手或轻拍一下肩(不过直接身体接触的时候要谨慎)。
- 要温柔地与客户交谈,让他们感到轻松自在。

第43讲
柴田和子：站在客户的立场上为他们考虑

观点直读

柴田和子：优秀的销售员会站在客户的立场上为他们考虑。

柴田和子在交易成功以后，每年的感恩节都会为客户送上一只火鸡。因此，人们称她为"火鸡太太"。

柴田和子从来不怕啃硬骨头。在她眼里，所有人都是自己的客户。

案例链接

一天，柴田和子去拜访一位客户。这个客户叫本田一郎，是汽车销售公司的部门经理。他的经济条件比较好，但思想很保守，向来反对购买保险，认为那是杞人忧天的行为。柴田和子的很多同事都曾经在他那里碰了钉子。

柴田和子查阅了本田一郎的资料后，决定去碰一碰这个难搞的"钉子"，把他发展成自己的客户。

柴田和子知道，如果自己提前和本田一郎约定拜访时间，他肯定不会给自己上门的机会。所以，她干脆当了一回不速之客。

"您好，我是第一生命保险公司的柴田和子，很高兴能够认识您。"敲开本田一郎的办公室的门后，柴田和子微笑着看着他，热情地打招呼。

"第一生命？哦，你是来说服我买寿险的吧？对不起，我对寿险从来不感兴趣。"本田一郎一脸不高兴。

"您确定不需要任何保险吗？"

"是的，不需要。我有薪水就已经足够了。"本田一郎忙着手里的工作，甚至都没有抬头看柴田和子。

"我知道，以您现在的收入，似乎没有什么后顾之忧。"

"是的。所以我从来没有想过要买保险。"

"先生，您是从事汽车销售工作的，一定熟悉交通情况。那么，请教您一个问题，您开车上班或兜风，是不是一路都是绿灯？"

"这个不一定,有时难免有红灯。"

"遇到红灯,您会做什么?"

"停下来等待绿灯。"

"对呀,人生有高峰,也有低谷,有时是绿灯,有时是红灯,因此您也需要稍停脚步,重新认真思考一下自己的人生。您说对吗?"

本田一郎默不作声。

柴田和子知道自己的话起作用了,于是趁热打铁继续说道:"人其实是很脆弱的,无法预测或左右随时可能发生的风险。对于财产险来说,发生了事故,还可以亡羊补牢。但每个人的生命只有一次,如果某个三口之家,夫妻双方中有一个遇到死亡、伤残或严重疾病等情况,就会面临沉重的经济负担,而购买保险后可以得到一笔较可观的经济补偿,可以缓解家庭的经济压力。"

本田一郎若有所思,微微地点点头。

"人生到处都潜伏着难以察觉、无法预料的危机,每个人都会碰到这样或那样的意外和困境,就像您开车遇到红灯。想想看,您工作了大半辈子,但最后因为这些红灯使自己的晚年生活过得很凄惨,您说这样划算吗?您的妻儿那时候该去依靠谁呢?所以,现在您有能力,您买保险就是买保障,可减少风险带来的损失。当然,您是否购买保险对我没什么关系,但是能否挑选一位有能力的寿险推销人员为您规划晚年生活,让您用现在的钱保障晚年的平安与幸福呢?"

本田一郎终于被打动了,于是为自己和全家人购买了巨额的保险。

这就是柴田和子所谓的"红灯话术"。在她的销售生涯中,利用"红灯话术"签了很多单。这种话术之所以能够打动客户,原因其实很简单,正如柴田和子所说的:"站在客户的立场上为他们考虑。"

站在对方的立场上看问题,就是俗话常说的将心比心,心理学上称之为心理位置互换。站在对方的立场上看问题,满足对方的需求,是不变的成功之道。

这就如同钓鱼。你喜欢吃的是杨梅和奶油,而水里的鱼爱吃的是蚯蚓之类的小动物。如果你把你爱吃的杨梅和奶油当鱼饵,会有鱼来咬钩吗?

如果能够站在客户的立场上考虑问题,销售过程中的很多问题都可以迎刃而解。

角色扮演

编制标准应答语,应对客户异议

编制标准应答语的具体程序如下:
步骤1:把大家每天遇到的客户的异议写下来;
步骤2:进行分类统计,依照异议出现的次数多少排列出顺序;
步骤3:以集体讨论的方式编制适当的应答语并编写整理成文章;
步骤4:大家都要记熟;
步骤5:由老销售员扮演客户,大家轮流练习标准应答语;
步骤6:对练习过程中发现的不足,通过讨论进行修改和完善;
步骤7:对修改过的应答语再进行练习,最后定稿备用。

第44讲
博恩·崔西：为客户的切身利益着想

观点直读

　　博恩·崔西：主动站在客户的角度去考虑并向其提问题，可以获得客户更多的信任，而你也将得到更多的潜在信息。

　　乔·吉拉德：当你面对客户的时候，你不要认为自己和客户处于对抗而非合作的状态，从而把自己搞得像客户的死对头一样。记住，你们双方都是站在同一个球队里的，生意成交了，买卖两方都是赢家。

　　很多销售员常常会抱怨客户总是对他们有很强的抵触情绪，甚至带着敌意。可是，他们又何尝不是从一开始就把客户置于对立面呢？他们总是想着让客户做什么，而不去想应该帮助客户做些什么。

　　博恩·崔西始终坚持一个重要的销售原则，那就是为客户的利益着想。

　　在拜访客户时，他经常把客户的资料全部放在客户面前并真诚地说："先生，如果我是您，我一定会这样做。"

案例链接

　　一次，有一位先生要给他自己和太太各买一份同样的投资标的。博恩·崔西通过计算发现，购买两份单独的投资计划合计的费用要比将两份投资计划合并成一份计划的费用高得多。

　　第二天一上班，博恩·崔西立刻跟这位客户取得了联系并向他说明了情况。客户听后非常感激博恩·崔西，接受了他的建议。

　　尽管客户的投资额降低使博恩·崔西的佣金减少了很多，但后续带给了他更多的收益——多年以来，博恩·崔西从这位客户为他介绍的其他客户那里得到了更多的收益。

第三阶段：与客户的情感共鸣

把客户的需求摆在第一位

主动站在客户的角度去考虑，把客户的需求摆在第一位，或许是每个销售员都懂的道理，但未必是每个人都能做到的。如果你在沟通中能让客户感觉到你是真心喜欢他们并为他们的利益着想，那么客户也会更愿意从心底里接受你。如此，你的销售工作进展将会很顺利。

正如乔·吉拉德所说："当你这样思考销售术的时候，你就不会成为客户的对手，而是与其站到了同一个球队中。说得再明白些就是当你真心诚意地为客户提供服务，而他们又感受到了这一点的时候，你就消除了他们的抵触情绪。我认为最好在开始或开始不久就营造出这样的氛围来，如果你做不到，那你在客户眼中就可能成为他们的对手，到该成交的时候，你很可能就会陷入一场真正的艰难战斗，而且很有可能是一场没有赢家的较量。"

如果你不为客户的利益着想，一味地灌输所谓的收益和保障，甚至用话术欺骗客户，又怎么能真正俘获他们的心呢？有的时候，你甚至要替他们考虑他们没有想到的事项。

例如，有一位销售冰箱的销售员总是会这样问他的客户："琼斯太太，您家有几口人？您一周到市场采购几次？您的厨房是什么颜色的？您常和朋友在家聚会吗？"然后，他就能大概知道客户真正需要的是什么样的冰箱——是需要更大还是稍小一点儿的冷藏空间，有没有必要带制冰器等。

销售术不是克敌制胜术

遗憾的是许多销售员把销售当作一场战斗，所以他们总是费尽口舌与客户斗智斗勇。他们把销售术视为比赛中的克敌制胜术。对他们而言，一次交易就意味着一次征服，他们觉得自己是征服者，而客户是被征服者。

因此，客户就会认为销售员想欺骗他们，他们为了自我保护，就会非常抵触销售员，在整个沟通过程中他们只想着一件事，那就是如何拒绝成交。尽管他们实际上需要那些产品，但是如果他们处于这样的状态，成交的可能性也不会太大。

第45讲
乔·吉拉德：不要浪费客户的宝贵时间

观点直读

乔·吉拉德：销售员在成交的最后一刻功亏一篑往往是因为没有重视客户的时间。

对于销售员来说，时间就是金钱，因为每分每秒都有成交的可能。但有的销售员常常只重视自己的时间而忽略了客户的时间。例如，在推销产品时，东拉西扯、啰里啰唆地谈了一大堆与产品无关的话题，本来5分钟就能讲清楚的事，用了半个小时也没谈到正题上。

很多人，特别是成功人士，一般都非常珍惜时间，他们的日程排得很满，也很紧凑。如果你跟他们没完没了地说，其结果可想而知。

乔·吉拉德认为，销售员要想达到销售目的，必须尊重和理解客户的时间观念，不仅要珍惜自己的时间，也不要随便浪费客户的时间。

准时赴约

如果你想与客户会面，就应该设法提前预约。这样你不仅可以充分利用自己的时间，而且给客户留出了足够的时间考虑是否购买产品。

一旦预约成功，你一定要准时赴约，迟到或爽约同样意味着你在无端地浪费客户的时间。守时是职业道德的基本要求。如果你连拜访客户都迟到，那么客户会认为你是缺乏自我管理能力的人。如果你再为迟到找一大堆理由——"闹钟没响"、"路上堵车"、"该死的电梯坏掉了"，那么，你还是个没有担当、喜欢找借口的人。

面谈时间不宜太长

在与客户面谈时，要尽可能简明扼要地解释清楚你此行的目的并尽快将话题切换到你推销的产品上。

在限定的时间内，如果确认问题已经解决，就要立刻结束谈话；如果还有必要谈下去，也要先说明还要谈多长时间，以促使双方充分利用时间。

有时候，由于客户临时有事，可能会缩短与你交谈的时间。但是，如果你推销的产品有些复杂，讲起来比较费时间，例如某种保险，你讲得太简单，往往很难达到目的。在这种情况下，乔·吉拉德的建议是："你抬手看看手表，然后对他说：'对不起，先生！我如果早一些预约您就好了。尽管我很想再与您详细地谈一谈，但既然这样，我就不耽误您的时间了。我拜访客户一般都要先预约，所以，现在让我们确定一个日期，我需要一个小时的时间向您充分地展示我的产品。'"

这种直接坦率的表达方式能够显示出你很珍惜客户的时间，也会让客户觉得你很专业。当然，更重要的是你又获得了一次与客户见面的机会，从而又多了一些成交的可能。

技巧分享

实用守时法

守时既是在为客户节省时间，也是在为你自己节省时间。以下是一些能够保证你守时的方法，请参照执行。

- 在专用的日历表或效率手册上注明你与客户的预约事项或对客户的承诺。
- 用彩色笔标明具体的时间（哪一月、哪一天、什么时间）并标记备忘事项。
- 每天查看日历表或效率手册并在约定的时间的前一天与客户再次确认。
- 提前为之前约好要谈的事做准备，做到有备无患。
- 新约会或新计划不要与已有的时间安排冲突。

第46讲
金克拉：学会用能浸透人心的语言

观点直读

金克拉：最佳的推销语言是那些能浸透人心的语言。

金克拉非常相信语言的力量，他认为销售员遣词造句的水平对其销售业绩的影响非常大，使用能浸透人心的语言，能让你的产品说明更具有吸引力。

他认为希望在销售领域有所造诣的人必须了解销售中的两件事。第一，必须学会在内心为客户勾勒出美好的图景。例如，当客户说汽车时，你不仅要想到汽车，还要在内心描绘出漂亮的汽车。当别人说到女孩时，你必须在内心描绘出漂亮的女孩。第二，当你已经知道该如何用优美、生动的语言"画"出客户的期望，就一定要付诸行动，将一幅幅温馨的彩色画面"画"出来。

金克拉将这种方法叫作"画图成交法"。

例如，在客户试穿服装的时候，销售员可以说："哇！这套衣服简直就是为您设计的，穿上后完全展现出了您的优美身材，简直太漂亮啦！"笔记本电脑销售员可以一边让客户试用，一边说："您现在是不是感到使用起来很方便？用这台电脑，一定会大大提高您的工作效率。"客户听到这样的话，就会感觉到使用时的那种愉悦感，脑海里会浮想联翩，迫不及待的想要将产品带回家。

在与客户交流时，你不能只满足于让客户听到你所说的，更要争取让他们看到、闻到、感觉到。无论是真实的还是想象的，只要能让客户"看到"，他们就会产生感觉。有感觉了，需求很可能也就产生了。

当某人相信某件事是他自己的想法时，不仅抗拒力较小，回应你的概率也会大幅度提升。

金克拉在做培训时经常会用下面这个案例说明"画图成交法"。

第三阶段：与客户的情感共鸣

案例链接

纽约的罗威夫妇决定将他们现在居住的小房子卖掉，然后换一间更大的房子。

起初，他们找到了中介公司。中介公司接到业务后立即打出了一则广告："舒适两房，有车库、花砖浴室、热水器、牧场式环境，附近有小学、运动场、高尔夫球场。"广告打了很长时间，但始终没有人来买房子。

性急的罗威太太决定亲自出马。她撰写了一则广告，内容如下：

"我们很喜欢我们的家。我们在这里住了很多年，每天都非常快乐。可是两个卧室实在太小了，不够用，所以我们不得不搬家。假如您很喜欢在温暖的炉火旁通过窗子欣赏外面的树林，喜欢春季的蛙鸣、夏季有绿荫的庭院和冬季的落日，这里都具备。而且这里可以享有城市的便利和设施。您可能会因为喜欢而买下我们的房子，我们也不想它在圣诞节时空荡寂寞。"

罗威太太的广告刊登后的第二天，就有六个人来看房子，其中一个人买下了它。

为什么中介公司三个月都没有卖出去的房子，罗威太太用一天就卖出去了呢？因为通过这段一百五十多字的广告，人们看到了一幅美丽、温馨的画面。

通过第一句话的描写，人们就已经看到了一幅全家人温馨地挤在一间漂亮的房子里的画面。后面的话语为未来的房主勾勒了一幅幸福、美满、安全、舒适的画面。另外，她将房子称作家，使冷冰冰的建筑物充满了爱。

金克拉说："最佳的推销语言是那些能浸透人心的语言。"无论你卖的是哪种产品，都应该为客户描绘出他们能感受到或看到的画面，即使画面中的许多利益要等到几年后才能获得。

技巧学堂

销售员的八类语言禁忌

• 讲批评性的话

这是许多销售员的通病,尤其是新销售员。他们有时讲话没有经过深思熟虑,脱口而出伤了别人,自己还没有觉察到。

• 谈论主观性议题

在商言商,最好不要议论与你的销售没有什么关系的话题,尤其是涉及主观意识的讨论,如谈论政治、宗教等,无论你说的是对还是错,都对销售没有实质意义。

• 讲专业性术语

你满口专业术语,客户听得云山雾罩,生意怎么成交?只有你把这些术语用简单直白的话语表达出来,才能有效地沟通,才有利于产品销售。

• 说夸大不实之词

任何产品都存在不足。你应该站在客观的角度,与客户分析产品的优势和劣势,帮助客户货比三家,这样才能让客户心服口服地接受你的产品。

• 讲有攻击性的话

最常见的是攻击竞争对手,把对方说得一文不值。殊不知,无论是你对人、对事、对物的攻击,都会让客户反感。

• 谈隐私问题

这也是很多销售员常犯的错误。与客户打交道,主要是要掌握对方的需求,而不是谈自己或他人的隐私问题。

• 用质疑的口吻

"你懂吗?""你知道吗?""你明白我的意思吗?"销售过程中,一些销售员担心客户听不懂自己说的话,常常会说类似的话。从销售心理学的角度讲,这种质疑的口吻会让客户反感或不满。

• 讲不雅之言

几乎每个人都喜欢与有涵养的人沟通。如果你说一些不雅之言,会让你的形象大打折扣,这是销售过程中必须避免的。

[阶段测试] 销售员的性格潜能测试

中国现代心理研究所根据中国人的心理特点,以美国兰德公司(战略研究所)拟制的经典心理测试题为蓝本并加以适当的改进,形成了这套心理测试题。联想、长虹、海尔等中国著名企业都将其作为对员工潜能测试的辅助试卷。试着答一答,看看自己的潜能如何。

1.你最喜欢哪种水果?

A.草莓(2分)

B.苹果(3分)

C.西瓜(5分)

D.菠萝(10分)

E.橘子(15分)

2.你平时休闲经常去的地方是哪里?

A.郊外(2分)

B.电影院(3分)

C.公园(5分)

D.商场(10分)

E.酒吧(15)

F.歌厅(20分)

3.你认为容易吸引你的是哪类人?

A.有才气的人(2分)

B.依赖你的人(3分)

C.优雅的人(5分)

D.善良的人(10分)

E.性格豪放的人(15分)

4.如果你可以成为一种动物,你希望自己是哪一种?

A.猫(2分)

B.马(3分)

C. 大象（5分）

D. 猴子（10分）

E. 狗（15分）

F. 狮子（20分）

5. 天气很热，你更愿意选择哪种方式解暑？

A. 游泳（5分）

B. 喝冷饮（10分）

C. 开空调（15分）

6. 如果你必须选择与自己讨厌的动物在一起生活，你能容忍哪一个？

A. 蛇（2分）

B. 猪（5分）

C. 老鼠（10分）

D. 苍蝇（15分）

7. 你喜欢看哪类电影或电视剧？

A. 悬疑推理片（2分）

B. 童话片或神话片（3分）

C. 自然科学片（5分）

D. 伦理道德片（10分）

E. 战争片或枪战片（15分）

8. 以下哪个是你身边必带的物品？

A. 打火机（2分）

B. 口红（2分）

C. 记事本（3分）

D. 手机（10分）

E. 纸巾（5分）

9. 你出行时喜欢乘坐哪种交通工具？

A. 火车（2分）

B. 自行车（3分）

C. 汽车（5分）

D. 飞机（10分）

E. 步行（15分）

10. 你更喜欢哪种颜色？

A. 紫色（2分）

B. 黑色（3分）

C. 蓝色（5分）

D. 白色（8分）

E. 黄色（12分）

F. 红色（15分）

11. 挑选下列你最喜欢（不一定擅长）的一种活动，你会选哪一种？

A. 瑜伽（2分）

B. 自行车（3分）

C. 乒乓球（5分）

D. 拳击（8分）

E. 足球（10分）

F. 蹦极（15分）

12. 如果你自己拥有一栋别墅，你认为它应当建在哪里？

A. 湖边（2分）

B.草原（3分）

C.海边（5分）

D.森林（10分）

E.城中区（15分）

13.你更喜欢哪种天气现象？

A.雪（2分）

B.风（3分）

C.雨（5分）

D.雾（10分）

E.雷电（15分）

14.你希望自己的窗口在一座30层高的大楼的第几层？

A.7层（2分）

B.1层（3分）

C.23层（5分）

D.18层（10分）

E.30层（15分）

15.你认为自己更喜欢在哪座城市生活？

A.丽江（1分）

B.拉萨（3分）

C.昆明（5分）

D.西安（8分）

E.苏州（10分）

F.杭州（15分）

将每道题所选答案后括号内的分值相加。

结果分析：

180分以上：意志力强，头脑冷静，领导欲较强，事业心强，执着，自傲，比较看重对自己有利的人际关系，性格急躁，喜好抗争。对爱情和婚姻的看法实际，对金钱的欲望一般。

140~179分：聪明、活泼、人缘好，心机较深。事业心强，渴望成功。思维理性，崇尚爱情，但更看重婚姻，对金钱的欲望强烈。

100~139分：爱幻想，较感性。性格孤傲，有时较急躁，有时优柔寡断。事业心较强，喜欢有创造性的工作，不喜欢循规蹈矩。性格倔强，不善于妥协。崇尚浪漫的爱情，对金钱的欲望一般。

70~99分：好奇心强，喜欢冒险，人缘较好。事业心一般，随遇而安，善于妥协，耐心较差。渴望浪漫的爱情，但对婚姻要求比较现实，不善于理财。

40~69分：性情温良，重友谊，性格踏实稳重，事业心一般。对本职工作认真，不太关心自己专业外的事物。喜欢有规律的工作和生活，不喜欢冒险，家庭观念强，善于理财。

40分以下：散漫，爱玩，富于幻想。聪明机灵，待人热情，善于交际。事业心、意志力和耐心都较差，我行我素。对爱情不够认真，容易妥协，缺乏理财观念。

第四阶段
快速成交的秘诀

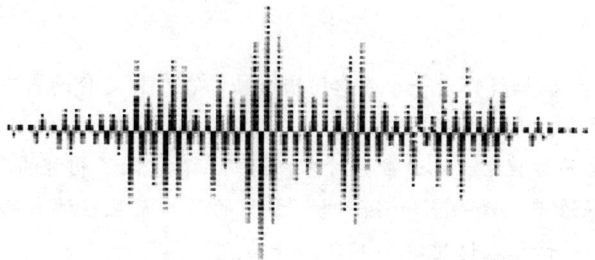

第47讲
乔·吉拉德：把假定成交贯穿始终

观点直读

乔·吉拉德：当我站在即将听我做销售演示的人的面前时，我就假定自己会做成这笔生意。

销售员在见到客户的第一时间就假定客户已经购买了自己的产品并全方位地为客户服务，从而促使客户下定决心购买自己的产品，这就是所谓的假定成交法。

案例链接

乔·吉拉德始终怀着一个信念：相信每位客户肯定会购买自己的汽车，把假定成交贯穿于销售的始终。

在销售的过程中，他通常会对客户说"恭喜您做了明智的决定"、"我会把发票寄给您，说一下地址好吗"之类的话。而且在适当的时机，他会对客户说："请您在这里签一下名，好吗？"

如果客户还没有做决定，不签单，他会继续寻找机会对客户说："星期一之前我会准备好汽车，您上午九点来取车，好吗？""要不要我帮您涂防晒漆？"只要客户回答了这些问题中的任何一个，他就会立即再次把订单递过去，把签名的位置指给客户。

假定成交法就是通过层层递进的询问，把客户发出的成交信号直接转化为实际行动，促成交易最终实现。

有人称这种销售法为"洗脑式逼单"。就像广告一样不断地向你传递"你很渴，需要饮品"的信息，相信过不了多长时间你就会下意识地去买饮料。

不要过早谈及成交意向

在使用假定成交法引导客户购买时,不要过早谈及客户很敏感的"是否购买"等话题,以免给客户过大的压力,激起其本能的反抗,而应以暗度陈仓的方式,不露声色、自然而然地过渡到成交的问题上。

根据客户的个性确定是否使用

在使用假定成交法时,还应该注意分析面对的是哪种类型的客户。对那些依赖性强的客户、性格比较随和的客户以及老客户,可以采用这种方法。而对那些有主见、独立性强、性格乖戾的客户并不适合。

确信客户有购买意向

只有当你确信客户有购买意向时,才能使用这种方法。而且在销售过程中尽量使用自然、温和的语言,从而为成交创造轻松的氛围。

要有判断力和自信心

假定成交的基础来自你的判断力和自信心。如果你认为客户肯定会购买,就要把这种想法通过你的言谈举止反映出来,而且你的一言一行中不能露出一丝一毫的疑虑,这样才可以增强客户的购买信心。否则客户会因为你犹疑或不确定而放弃成交。

技巧分享

促成客户购买的技巧

直接成交法	请到前台付款。
两者选其一法	您需要红的还是绿的？
重利轻弊权衡法	您要的功能都有，只是您不太喜欢包装。可这是给您自己买的不是吗？包装好不好其实并不重要对不对？
激发客户的想象力	您穿这件上装，配这个款式的裙子，看上去非常有品味，很与众不同。
利用惜时心理	其实，只要是同一个档次的这种产品，功能都差不多，多看也是浪费您的时间，只是寻求心理安慰。
帮助客户决策	您说您喜欢这个款式，价格也能接受，而且您说您先生也会喜欢，其实要买一个这么符合心意的产品还真不容易呢。
利益诱惑法	现在是在促销，平时比这个价格贵10%，也没有这些礼品赠送。
告知紧缺法	这个款式的就剩这一件了。您要是今天不买，我不能保证下周会进货。
问题法	您打算今天买吗？
假设法	我们可以安排今天送货上门。
签单法	在这里签个字就可以了。

第48讲
博恩·崔西：一开始就把订单放在客户面前

观点直读

博恩·崔西：大多数刚开始从事销售工作的人往往在展示完产品后才开始与客户谈论交易的问题，其实这样做不够明智，从和客户见面起，任何时候都是签单的最佳时机，而且越早越好。

或许大多数从事销售工作的人都不太赞同一开始就把订单放在客户面前的做法，认为这有点强迫客户购买的意思，会引起客户的反感而导致销售失败。

博恩·崔西认为一开始就将订单拿出来并不是强迫客户成交，而是说服与暗示，是专业的销售手法，是新的销售思路。

在实际销售活动中，博恩·崔西发现，在商谈一开始就把订单拿出来，客户并没有表现得很惊讶，更多的时候会问一些关于售后服务的问题。这样，拿出订单也就成了产品展示的一部分。到了最后，签单似乎成了水到渠成的事了，因为订单就摆在客户的眼前。

以前，商谈已经进行得差不多的时候，你把订单拿出来放在客户面前，他们通常立即会有紧张的表现并托辞说"我还没有想好"、"我想再考虑考虑"，等等。

博恩·崔西认为在展示完产品后才跟客户谈论交易的问题，这样做其实不够明智。从和客户见面起，任何时候都是签单的最佳时机，而且越早越好。

例如，有人来看电冰箱，你向他介绍产品："这款产品最大的特点是省电，每天至少比其他机型省半度电。"如果客户觉得省电对他而言很重要，听完你的介绍后他就会准备掏钱了。

再比如，有人来看房，经纪人会说："这栋公寓视野非常好，空间也足够大，而且配置很齐全。我们坐下来了解一下贷款的细节吧。"这单生意是不是接近完成了呢？

当然，运用这种销售方式时，你要善于观察，随时掌握客户的心理状态，准确抓住时机。当你看到、听到或感觉到客户想要购买的信号时，就要立刻停止解说，尝试与客户达成交易，不要等待，否则会错失成交的良机。

对话大师

与博恩·崔西面对面

您当初是如何涉足销售这个领域的呢？

在我10岁的时候，为了赢得参加夏令营的机会，我开始挨家挨户地销售肥皂。后来，我还卖过报纸，也给人修过草坪。随着事业的逐渐发展，我销售过办公用品，也销售过互惠基金和其他投资产品。随着时间的推移，我还销售过广告、汽车、房地产、投资、培训课程和咨询服务等产品。

这些年来，您面临的最大的挑战是什么呢？

据我看来，生活中会不断地出现各种困难和问题，有时还会出现危机。多年来，我最大的挑战一直是清楚地知道自己的目标并且坚持不懈地克服一切挫折，直到实现目标。这是一个持续的挑战。

您用过的最有效的销售技巧是什么呢？

关于销售技巧，我写过很多书，制作过许多音像制品，也在世界范围内培训过一百多万名销售员。我发现的最有效的技巧是通过提问与客户建立友善的关系，多留心客户的真正需求，然后将我的产品或服务视为解决客户问题的最理想的方法。这种简单的方法涵盖了关系销售法、咨询销售法、战备销售法、教育销售法和其他在当今竞争激烈的市场上有效的销售方式。

您能举例说明一下您是怎样将这个技巧运用到现实生活中的吗？

运用这个技巧并不难，要更注重为客户提供服务，而不仅仅是销售自己的产品或服务。先提问，仔细聆听客户的回答，然后给出意见和建议，请客户自己做决定。这种方法对每个人都有效。

您想给有志于成为出色的销售员的人什么建议呢？

要想成为出色的销售员，首先，要销售自己喜欢的产品并且乐在其中。其次，要使用你自己销售的产品并将其推荐给自己的父母。再次，要努力成为这个领域的专家。要认真学习关于你的产品或服务的知识，这样你就可以随时随地销售。最后，你要持之以恒，直到最终取得成功。如果你坚持了，就一定会成功。

第49讲
乔·吉拉德：拒绝通常是颗烟雾弹

观点直读

乔·吉拉德：当我被拒绝七次以后，我会想：或许他们不打算买，但我还要再试三次。客户拒绝并不可怕，可怕的是客户不对你和你的产品发表任何意见，只是把你一个人晾在一边。所以，我一向欢迎客户频频刁难我。只要他们开口说话，我就会想办法找到成交的机会。

戴夫·多索尔森：你要在客户的拒绝中发现创意，因为客户的拒绝或顾虑只是其委婉的说法，这实际上是客户现在不准备购买的真正原因。客户要表达的真正意思是：你还没能说服我购买。他们实际上是想获得更多的信息或承诺。所以，你要从客户的这种拒绝中发现其顾虑所在，进而采用新的创意去说服他们。

埃里希·诺伯特：不要害怕客户任何形式的拒绝，只要你抓住一个关键点——弄清楚客户拒绝购买的真正原因，那么一切问题就会像医生找到了病因一样变得明朗起来。

在销售中，客户找各种借口推托是销售员常常要面对的问题。
乔·吉拉德认为这些借口大多不是客户拒绝成交的真正原因，如果你处理得当，就有可能成交。

乔·吉拉德总结了一些最常见的借口，大概有以下几种。

"没带钱。"

没钱就不能买产品，所以"没钱"便成了客户拒绝你的最好的挡箭牌。实际上，如果客户真的有购买意向，有经验的销售员照样能让"没带钱"的客户掏腰包。

案例链接

一天，一位夹着公文包的先生来车行看汽车。当乔·吉拉德觉得他看中了其中的一辆车时，就迎上去与他洽谈。

"我今天只是随便看看，没带钱。"他说。

"先生，没有问题，我和您一样，出门也总是忘带钱。"

根据经验，乔·吉拉德知道客户带了钱，因为他听乔·吉拉德这样说后有种脱离困境、如释重负的感觉。

"事实上，不需要您带钱，有您的承诺就行。"

"请在这儿签个名。"乔·吉拉德把一张订单递到他手里并指着需要签名的位置说。

结果，客户稍微想了一下就签了这个单。

"太贵了。"

遇到找这种借口的客户，乔·吉拉德建议先做一些试探，借机了解真相。如果客户说的是实话，那你就可以介绍一些价格低一点儿的其他产品。如果客户仅仅是想砍价，你就可以把价格分开来计算。例如，一辆标价为24000美元的车，按月算，每月只需供2000美元；按天计价，只有60多美元。当你说每天只需付60多美元时，客户接受起来就容易多了。

"我们商量商量。"

"如果客户对我说，他得回家和太太商量商量，"乔·吉拉德说，"我会说：'那我们先看看订单。来，请在这儿签个名，我需要100美元作为定金。'如果他是那种有主见的人，我会补充说：'像你这样能够独立做主的人真是不多见，现在很多男人都是让太太决定一切。'"

如果客户坚持要先跟太太商量一下，乔·吉拉德就会说："好吧。不过，咱们先把订单签了，然后您再回家给太太讲一下。如果她反对，您可以把定金拿回去。"在大多数情况下，这种交易都能顺利成交。

避免客户找这种借口，最好的办法是搞清楚谁是真正的决策人，或者鼓动在场的客户自己做主。

"我只是随便看看。"

"当客户这样说的时候，我会问他愿意购买什么样的汽车。无论他说出哪种车型——福特、克莱斯勒、大众或奥迪——我都预先准备了一份资料。多年来，我一直注意收集和保存有关各家汽车公司负面消息的报纸、杂志及其他文章。例如，他提到奥迪（不管他是不是真想买这种车）。这时候，我会取出一份有关奥迪车的资料递给客户说：'请先看一看这份资料，我一会儿就回来。'说着，我就若无其事地走了出去。而我交给他的几十篇文章全是在抱怨奥迪汽车性能很差，例如刹车容易失灵、变速器容易坏等。"

过了一会儿，乔·吉拉德回到房间说："先生，您在想什么？要不要再看几份有关奥迪的报道？"

"来吧，在这儿签上您的大名。我这样做可能是救了您一命。"随后乔·吉拉德把一张订单递给客户。客户竟然像个听话的小学生一样，在订单上签上了自己的名字。

"我先看看材料再说。"

乔·吉拉德一般会对持这种态度的客户说："好吧，我很高兴为您提供一些介绍我们的汽车的小册子。如果有朋友问起您开的这辆漂亮的新车是在哪儿买的，请您把这些材料拿给他们看看。"

他这样说实际上是在设想销售成功了，而且暗示客户不要放弃购买的决定。如果客户说："乔，我还拿不定主意，我可不可以先把小册子带回家再看看？"

遇到这类客户，乔·吉拉德会说："如果小册子能代替我办事，我就该失业了。

"如果您现在有什么不清楚的地方，我就在这儿等着您提问。告诉我，您到底有哪一点不明白？"

如果对方提不出具体的异议，乔·吉拉德就会再次说服他购买。

"我本想买辆四门的……"

很多时候，当乔·吉拉德说库里只剩下双门的车之后，客户会说他只喜欢四门的。

"我打赌，如果我们还有四门的车，您一定会当场买下来，对吧？"

"是的，我会。"客户以为自己的借口得逞了。

"啊！我今天真是犯糊涂了。"乔·吉拉德会猛地一拍脑袋，恍然大悟地说，"我忘了，我们和本市另外四家汽车经销店还有合作协议呢。请给我五分钟时间，我会拿到您想要的车。"说完，乔·吉拉德不等他开口就转身跑去给其他经销店打电话调车了。

"我想再考虑考虑。"

案例链接

有一次，一对夫妇来到乔·吉拉德的店里看车。

"你们好，选中自己喜欢的车了吗？"乔·吉拉德热情地上前问道。

"我们还想考虑考虑。"

"你们知道吗？我跟我的太太也和你们两位一样。"

"一样？怎么会呢？"

"在决定为家里添置大件物品前,我跟我的太太也是常常会商量半天，思前想后，怕买了不如意的产品，怕花了冤枉钱，怕自己对产品不够了解而上了销售员的当。也正因为这样，我在做销售时，不能让我的客户感受到被强迫，我要给客户充分地考虑的时间。说实话，如果不这样，我宁可不和你们做生意。当然，请别误会，我真的很想和你们合作。但对我来说，更重要的是你们在离开时能够有好心情、好的体验。"

"先生，你能这么想我们很高兴。不错，我们从来不向试图强求客户购买的销售员购买任何东西。"

"没错，那么二位再好好想一想。如果想要，请叫我一声，我随时恭候。"

然后，乔·吉拉德就闭上嘴，回到他自己的办公室，静静地等待。

十多分钟后，乔·吉拉德从办公室出来对他们说："我刚刚得知，我们的服务部最迟今天下午就能把你们想买的车预备好。"

"我们想明天再来。"

"明天？"乔·吉拉德笑了笑，"如果你们确实拿不定主意，可以多考虑考虑，我们都是干脆的人，很快就会做决定，对不对？"

"对，我们买了。"夫妇二人当即拍板。

在销售中遭到客户拒绝是再正常不过的事。以良好的心态面对客户，学会聪明地应对客户的拒绝，才能成为出色的销售员。

金克拉认为，无论什么样的拒绝都没有新意，只要你在平时认真总结经验，事先想好应对措施，那么，在遇到客户说不时，就能从容应对。

总之，对客户提出的任何借口，你都不要轻易接受，可以采取逐个击破的方法说服他们。

题外链接

徐鹤宁：你为什么会被拒绝？因为你认为自己会失败！

现任世界华人冠军俱乐部（创始人）主席，北京大学冠军营销商学院院长，被业界誉为"世界销售女神"的徐鹤宁认为，阻止销售员与客户达成交易的原因很多，但最常见的是销售员自身有心理障碍，这些心理障碍往往阻碍了销售员的销售热情，甚至让他们没有勇气向客户提出签单的要求。

许多销售员在即将与客户达成交易时，反而对达成交易的前景感到特别不安,变得患得患失,担心会失去即将到手的订单。在这种不自信的心理的作用下,他们会特别关注客户说的每一个字、每一句话。同时,他们也不能主动地提出与客户达成交易,唯恐此举会引起客户的不快而丢失订单。在达成交易之前的这段关键时期,销售员往往是在消极被动地等待。而竞争对手肯定也会利用这段难得的时间加紧公关客户。因此,如果不能及时、主动地向客户提出签单的要求,而只是消极被动地等待,往往会让竞争对手抢了先机。

第50讲
罗杰·道森:别接烫手的山芋

观点直读

罗杰·道森:不要让客户把本来属于他们的问题抛给你。

罗杰·道森把本来属于客户的问题称作"烫手的山芋"。

"我需要你们送货上门,如果明天早上那些零件到不了,我的整个装配线就会立刻停产。

"我们的预算就这么多。"

"我没有权力决定这件事。"

在销售中,你可能会经常接到这样的电话,或者听到这样的托辞。猛一听似乎一切因你而起,然而你仔细想想——

装配线停产是你们公司的问题,跟我有什么关系?如果时间紧迫,为什么不早点儿订货呢?

你们公司的预算难道是专门针对我的产品制定的吗?

你没有决定的权力,难道没有上报或建议的权力吗?

这些问题即使真的出现或存在,也基本与你无关。客户之所以把本来属于他们自己的问题抛给你,使之成为你的问题,无非是想推卸责任或者压价。

第四阶段：快速成交的秘诀

迅速摆脱对方的话题

罗杰·道森的经验是当客户把问题抛给你的时候，如果你一直在这个问题上纠缠，他们就认定这是你的问题了。

对客户抛过来的"我没有权力决定这件事"的烫手山芋，罗杰·道森的对策是问客户："那么，谁有权决定呢？"

如果客户指着旁边的人说："她能。"

于是你就立即转向那个人："您觉得怎么样？"

她通常会说："可以，没问题。"

如果她说必须得征求经理的意见，那你就立刻给经理拨打电话。

立刻检验它的真实性

当客户把本来属于他们的问题抛给你时，你必须弄明白他们是真的不想买，还是只想试探一下你的反应。

案例链接

罗杰·道森在加利福尼亚州南部一家有28家分支机构的公司做总裁时，有个客户跑进他的办公室说："我们账上只有10000美元。"

这个价太低了，罗杰·道森很难接受。

于是，罗杰·道森让代理人立刻验证他说的话的真实性——告诉客户："也许我们能接受10000美元，但让我问您一个问题：如果我正好有一栋房子适合您，它在合适的地方，价格和项目都很理想，您的家人肯定会喜欢，您的孩子也会喜欢让他们的朋友来家里玩，但是必须支付15000美元。有没有必要带您去看看呢？或者我领别的客户去看看？"

客户抛给代理商的问题被"遣返"了。如果你接手了这个烫手的山芋而不把它抛回去，就得考虑降价销售，因为你认为他说的是真话。

学会把你的问题抛给对方

罗杰·道森指出,你不仅要当心客户把自己的问题抛给你,也要学会把你自己的问题抛给客户。他讲了个笑话:

一个商人晚上心神不宁,睡不着觉。

"亲爱的,有什么烦心事儿?"妻子问他。

"有一大笔贷款明天就到期了,银行经理是我的好朋友,我害怕看到他问我何时还款时的表情。"

他妻子转身拿起电话,给这位银行经理打了电话。

"贷款明天就到期了,我们没钱还给您。"

"你怎么这么干?我就怕这一点。"丈夫有点儿生气。

"亲爱的,现在是他的问题了,你上床睡觉吧。"

罗杰·道森说,如果你能铲除他们给你设的障碍,即使是假设的,你也就扔掉了这个烫手的山芋。

角色演练

在厘清了销售的过程和要讲的内容之后,你可以尝试对着镜子或者与家人或朋友进行模拟演练。主要是看看自己的解说、演示是否够生动,是否需要借助其他一些例证,以及在什么时候安排辅助性的形象展示,或者与客户互动体验,等等。

同时,要在演练过程中有意识地去体会客户的心理状态及其变化。他们为什么这样想?他们为什么说这句话?他们为什么会以这种态度回应?他们为什么会生气?他们为什么很满意、很开心?这种角色演练,对你树立正确的销售心态有很大的帮助。

第51讲
戴夫·多索尔森：从拒绝理由入手寻找突破口

观点直读

戴夫·多索尔森：遭到客户拒绝不是失败，而是成功的一部分。

博恩·崔西：成功的销售员遇到的拒绝要比失败的销售员遇到的拒绝多两倍。

销售本就是不断面对客户拒绝的工作。其实，客户拒绝你并不一定表示他们对你有看法，也可能是不认可你的公司和产品。

研究显示，销售成功的案例中，销售员在拜访同一位客户五次之后才拿到订单的情况占80%。遗憾的是80%的销售员拜访同一位客户都不满五次。

戴夫·多索尔森认为，身为一名销售员应当有这样的意识——遭到客户拒绝不是失败，而是成功的一部分，因为这种拒绝可能也赶跑了你的竞争对手，如果你能够再坚持一下，也许就能获得成交的机会。

因此，你不要把客户的拒绝当作挫折，而应该以积极的态度想办法找到被拒绝的原因，从他们提出的拒绝理由入手寻找说服他们的机会。

案例链接

有一次，戴夫·多索尔森打电话给一位客户，想约他出来见面。

"对不起，我没时间。"客户一口回绝。

"我理解，您工作很忙。不过只需要3分钟，就3分钟，我保证您会觉得这是个值得考虑的事情。"

"我现在确实没空。"

"没关系，先生，那您定个日子，选个您方便的时间。我星期一和星期二都会在贵公司附近，可以在星期一上午或星期二下午去拜访您。"

"我确实没兴趣。"

"这个我能理解,因为您还没有看到资料,不了解这是件什么事情,您当然不可能立刻感兴趣,有疑惑是理所当然的。还是让我把资料给您送过去,顺便解说一下吧。您看星期几合适呢?我想星期一或星期二去拜访您可以吗?"

"好吧。不过我想你可能会白跑一趟,因为我没有钱。"

"我这个项目非常适合您,它可以让您用最少的资金获得最大的利润。我愿意为您提供信息,竭力帮助您。我哪天造访比较好?"

"那就星期二吧。"

就这样,戴夫·多索尔森获得了与客户面谈的机会并最终顺利签单。

事后,戴夫·多索尔森做了总结:客户之所以说"没时间""没兴趣""没钱"主要是因为没有找到让客户真正感兴趣的话题而已。其实,几乎每一个人都会对能带给自己财富的那些人或事感兴趣。找到了客户的兴趣点,就有了成交的可能。

一般而言,被拒绝的原因来自产品、销售员及客户三个方面。如果你希望下一次不再遭到客户拒绝,那就必须真正弄清楚他们拒绝你的原因。

产品的因素

产品的因素有以下几种:

· 产品的质量确实存在问题。如果你的产品确实有质量问题而且公司没有任何改进计划,建议你还是换个工作比较好。在这样的公司,销售这样的产品,你不大可能取得好业绩,甚至还会因此损害自己的信誉,对自己日后的事业发展不利。

如果是你的样品有质量问题,那只能怪你事前没有做好工作。因为你完全可以把控样品的质量,避免这种情况。

· 产品价格太高。这个问题通常又可以分成以下两种情况:

1. 你的报价可能超出了对方的承受能力。这是因为你没有具体了解客户的承受能力,或者事先没有向客户暗示和沟通价格,导致对方对你给出的价格没有适当的心理预期,或者对方认为你给出的价格远远超出了他们的支付能力。

2. 你的报价比客户的心理价位稍高，但在对方看来还有讨价还价的余地。这时候可能需要你采取以下行动：

适当调整价格；

进一步解说你的服务；

突出产品的优点，让对方认识到你的产品的价值。

·产品不适合。

在这种情况下，你应该想办法获知客户的潜在需求。

如果你的产品种类比较多，就选择另一款适合他们的产品。

销售员的因素

因为你说了不恰当的话，造成了客户的误解；

因为你没有把你的产品和服务的优点跟客户讲清楚；

因为你的言行举止冒犯了客户；

因为你的穿着造成客户心理产生不良反应，使得他们没有兴趣与你洽谈；

因为你拜访或者打电话的时间不对，客户正在忙比较重要的事情，等等。

这些都是你自己不恰当的行为，请你务必仔细分析，看看到底在哪里犯了错误。实际上，这都是一些很小的错误，若是因此妨碍了你的销售，实在不值得。

客户的因素

因为客户的因素造成签单失败，也是很常见的情况。这种情况可能是以下一些原因造成的：

客户刚刚买了同类型的产品或服务；

客户的资金或预算不足；

客户的业务有重大调整，不再需要你的产品或服务；

客户没有意识到自己的需求；

客户的心情不好，不想接待任何销售员；

客户与其他销售员有比较深入的合作关系，对他们的产品与服务都比较满意，暂时没有更换业务关系的想法；

客户的公司内部掌握实权的人拒绝了你的要求，等等。

不管是哪种原因，在应对客户拒绝时，你必须注意以下几个原则：

· 头脑冷静，态度积极乐观。

· 认真聆听，不打断客户讲话。

· 应答客户前谨慎地思考，紧紧围绕销售目标展开。

· 注意控制自己的情绪和言辞，不与客户产生不必要的争论。

· 一定要实事求是，不要企图欺骗客户。

总之，销售是一项需要不断面对拒绝的事业，不仅要面对市场的拒绝，面对客户的拒绝，还要面对自己的拒绝。

实际上，在现实生活中，除了真正没有购买需求的客户，大多数客户只是在推托而已。你要像戴夫·多索尔森那样不畏拒绝，从与客户的交流中发现他们的真实想法，不断地转变自己的思路，找到突破的方法。

其实，客户拒绝你并不可怕，真正可怕的是你从此失去了信心。出色的销售员必须在种种拒绝中战胜自己。

第52讲
柴田和子：巧妙地越过前面的障碍

观点直读

柴田和子：在大企业中有很多难以逾越的障碍，所以许多销售员很快就放弃了。即使好不容易通过了秘书这一关，以为可以见到社长了，结果又遇上财务部说不行、人事部说不行、管理部也说不行等情况，这些可一点儿都不稀奇。

有身份、有地位的决策者的时间安排得非常紧凑，你想见他们一面或者跟他们通一次电话都非常不容易，必须用一些技巧和话术。

日本销售女神柴田和子对此深有感触。

"我的销售对象以大人物居多，因此要和他们取得联系很难，也很费时间。特别是秘书把关很严，每一次都会询问得十分详细。

"虽然不断地被拒绝、不停地吃闭门羹，但我越挫越勇，不停地思考有没有突破的方法，思索下一步棋该如何走。老实说，我认为任谁也不能仿效我这种吃力不讨好的推销方式。每一位销售员都拥有属于他自己的独特秘方，而这是任何人都模仿不了的。这就跟学到了变魔术的技巧，但并不是每个人都可以成为魔术师的道理是一样的。"

那么，该如何越过对方工作人员设置的障碍呢？你可以试试以下几种方法：

利用回电法

当你打电话过去之后，对方的工作人员常会问："请问您找他有什么事？"这个时候，你可以这样反问："他打电话找我，我也不知道有什么事。"这个时候，对方的工作人员往往就会帮你把电话转接过去。

上级领导指示法

如果关键决策人是企业的中层，你可以先找到他的上司简要地说明一下情况，然后再用他上司的"口谕"来接近这位决策人。例如，你可以这样说："王经理您好！我刚刚和李总通过电话，他说您具体负责这个项目，让我找您详细地谈一下。"

恳求帮助法

一般情况下，人们不会拒绝帮别人小忙。如果你以恳求对方帮助的口吻说，效果往往要好很多。例如，你可以这样说："王小姐，您好！我有急事必须立即找李总沟通，请您帮我把电话转过去好吗？"如果你提出的这个愿望合乎情理，对方很可能不会拒绝。

借口聊私事法

无论员工跟上司有多么亲近，他们通常不愿涉及上司的隐私。所以，当你说"找李总有些私事"时，工作人员一般都不会为难你。

适度赞美法

女性大都喜欢听别人赞美自己。如果接听电话的工作人员是女性，你能给予其适度的赞美，就有可能过关。不过，赞美要显得真诚，否则会适得其反。

提高身价法

"小李吧？让老王接一下电话，我有些事情与他商量一下。"
"老王？"
"哦，就是你们的王经理。"
"那好吧。"
电话很快就转接了过去。

因为一般人是不敢称呼王经理为老王的，你这么称呼，会使工作人员小李感觉你与王经理的关系非同一般，所以他没法拒绝。

虚构主题法

你可以凭空捏造一个话题，使对方放松警惕，从而顺利地找到关键人。例如，"我找一下王总，我想问问他，上次我们商谈的事情，他那里准备得怎么样了。"

听到这句话，秘书一般都会毫不犹豫地帮你把电话转接过去。因为在他的潜意识里，你可能与他的老板通过话了，因此就没有必要再"审查"你了。另外，他也害怕因为自己的阻挡耽搁了领导的重要事务。

总之，能否巧妙地越过障碍，是电话拜访能否成功的关键。具体的做法还需要你在实践中不断地探索和总结。

技巧学堂

销售中习惯用语的专业说法

习惯用语：您的名字叫什么？
专业表达：请问，我可以知道您的名字吗？

习惯用语：您的情况确实很严重。
专业表达：您这次的情况比上次好多了。

习惯用语：问题是那款产品已经卖完了。
专业表达：由于需求量很大，我们暂时没货了。

习惯用语：您没必要担心这次修完后又坏了。
专业表达：您这次修完后尽管放心使用。

习惯用语：您错了，不是这样的！
专业表达：对不起，我没说清楚，但我想它运转的方式有些不同。

习惯用语：注意，您必须今天完成！
专业表达：如果您今天能完成，我会非常感激。

习惯用语：您没有弄明白，这次就再好好听一下。
专业表达：也许我说得不够清楚，请允许我再解释一遍。

习惯用语：我不想再让您重蹈覆辙。
专业表达：我这次有信心，这个问题不会再发生了。

第53讲
柴田和子：找准能够拍板的关键人物

观点直读

柴田和子：与不正确的人对话就是在浪费时间和金钱。如果在销售过程中始终与不正确的人对话，即使你在其他方面做得很到位，也不会有好业绩。

原一平：你不仅要用耳朵去听，还要用眼睛去看。找到有决策权的人，你就能更快地取得成功。

乔·吉拉德：先说服有支配权的那个人是非常有效的方法——如此一来，其他人也会跟着点头同意。

在实际销售中，常常会遇到这样的情况：销售员说了一箩筐的话，做了一大堆事，结果却徒劳无功。其中一个重要原因就是没有找对人。

如果找对了人，销售就会更有针对性，更便于你分析客户的真实需求，更容易让生意顺利成交。相反，如果你始终与不正确的人对话，即使你在其他方面做得很到位，也很可能前功尽弃。

案例链接

（一）

柴田和子在她的《我是日本销售女神》一书中曾讲过这么一个故事：

一位销售茶叶的销售员来到一家单位，推开行政办公室的门，看到里面一位三十多岁的女士在看报纸，一位五十多岁的男士在喝茶。他请教男士姓名后，就一口一个"课长"地叫着，详细介绍了他的茶叶并给"课长"泡了一杯茶。这位男士边品茶边点头说"好茶"。销售员听了很高兴。接着，男士对那位女士说："课长，咱们厂不是要发福利吗？茶叶不错，要不咱们就发茶叶吧？"那位女士头都没抬地说："不好，不要。"原来，女的是正课长，男的是副课长。

这位销售员愣住了，原来刚才自己使劲儿吹捧的人不是能拍板的人，没想到能拍板的人这么年轻，还是一位女性。

(二)

位列世界500强的埃克森美孚石油公司的一个销售代表想把公司的日用化学品卖给当地一家大型的制造工厂。制造工厂有专门的采购代理。于是，这位销售代表找到了代理商。然而，由于埃克森的报价比代理商先前的采购价高了很多，谈判陷入了僵局。

后来，埃克森的销售代表参观了工厂的实验室和原料检验部门，结果发现：现在的供应商的产品不但存在质量问题，而且送货不及时，这已经引起了工厂质检部门的不满。

埃克森的销售代表拨通了代理商的电话，向他们转述了制造工厂质检部门的意见，建议他们征询一下质检部门的想法。两个星期后，埃克森公司成功地打开了这家工厂的市场。

"除非你有特别的价格优势，"老练的埃克森的销售代表说，"否则你必须在客户那里有朋友。这个朋友不是别人，就是正在使用你的竞争对手的产品并发现问题的那些人。"

在一家公司里，哪些是你要找的关键人物呢？柴田和子认为，其可以分为五种：

守门人：即控制信息的人，如门卫、秘书或助理等。

决策者：决策者是你必须重点拜访的对象。

影响者：影响决策者做决策的人。例如他们的家人、朋友或上司等。

执行者："县官不如现管"，具体负责人有时候比他们的上司更有决策权。

使用者：产品的使用者。例如购买厨房用品一般都是妻子说了算。

当然，如何确定谁是决定这笔交易的关键人物，需要你在销售实践中不断地摸索和总结。

在不确定谁才是真正的拍板人的时候，不妨向他们提出类似这样的问题："你们公司（家）是否需要这种产品？"如果这时大家都同时看其中的一个人，显然，这个人对这次交易具有决定权。或者你向他们询问一些关键的事项，能给你明确答案的应该就是能拍板的人，否则他们会让你去找他们的领导。

"射人先射马，擒贼先擒王"，说的就是关键人物在整件事情中所起的作用。把这个关键人物找到了，接下来的事情就好办了。

第54讲
弗兰克·贝特格：请证人来说服客户

观点直读

弗兰克·贝特格：只有赢得客户的信任，才能源源不断地得到新客户；只有保证客户对你的信任，你才能保住你的老客户。

辩护律师最重要的工作内容之一是传证人到法庭来说服法官，通常法官的陪审团会对律师的言辞有些偏见，所以他们对律师所讲的话不完全相信。但是证人的证词会对法官的判决产生巨大的影响，也有利于增强辩护词的可信度。

在销售中，证人就相当于是和客户有着共同目标、共同利益、共同立场的人，他们更容易得到客户的信任。

因此，你应该时常亮出你的证人，或者干脆拨通他的电话，让他和客户聊一聊。有时候，证人的一句称赞比你的一万句自我夸奖都要管用。

需要说明的是这个证人可以是买过你的产品的老客户，也可以是你所在的公司强大的背景，还可以是代言你的产品的某位明星，等等。当你说出"我是××公司的销售员"、"我们的产品是由知名演员××代言的"、"我们的产品是由国家权威机构认证的"的时候，客户首先在心理上就会对你的产品有了多角度的认识："嗯，他们公司的东西应该还不错。"

弗兰克·贝特格在向客户推销产品时，通常也会这样做。

案例链接

多年来，贝特格养成了一个习惯——把购买了保险的人签了字的保险单复印一份，放在文件夹里。每次在与新客户谈话结束时，贝特格会把这些保险单复印件拿出来给他看。

如果客户还在犹豫，他会说："先生，也许我有失偏颇，所以，请您听听其他购买了保险的人的意见。"然后，贝特格会打通一位证人的电话，让客户与证人交谈。证人是他从复印材料里挑出来的，可能是客户的朋友或邻居。

这种方法百试不爽。

证人不仅可以帮你说服客户，而且会增强客户对你的信任感。

证人的妙用在于当客户对你的产品印象不好，或者对产品的信息了解得比较少，抑或对产品的质量始终持怀疑态度时，第三方的出场就会给客户吃一颗定心丸，让他们有安全感。

也许你的产品质量很好，价格也很合理，但是销量总是很低，就是无法得到客户的认可。那么，你是否想过让证人来帮忙呢？如果没有别人为你的产品做宣传，你怎么能轻松地打开市场，赢得客户的喜欢和信任呢？

在一般情况下，客户会对销售员抱着戒备心理，但当他们得知自己熟悉的人或较为出名的公众人物也在你这里买了东西，那情况就不一样了。

工具分享

产品优势举证一览表

证明方法＼销售重点				
实物展示				
专家的证言				
视觉的证明				
推荐函				
保证书				
客户的感谢信				
统计及比较资料				
成功的案例				
公开的报道				

【阶段测试】销售员的专业能力的测试

什么样的销售员才算得上是专业的销售员呢？怎样才能成为专业的销售员呢？你是专业的销售员吗？答案就在下列题目中。请你从 A、B、C、D 四个答案中选择一个。

1. 假如客户询问你有关产品的问题，而你恰好不知道如何回答，你将

A. 以自认为对的答案，用好像了解的样子来回答

B. 承认自己缺乏这方面的知识，然后向同事请教

C. 将问题转呈给业务经理

D. 给他们听起来很好的答案

2. 如果客户所说的是错误的，你会

A. 打断他们并予以纠正

B. 聆听，然后转移话题

C. 聆听并找出错误之处

D. 通过反问让他们发觉自己的错误

3. 如果你懈怠时，你通常会

A. 请一天假不去想工作上的事

B. 强迫自己更卖力地去工作

C. 尽量减少上门拜访活动

D. 请业务经理和你一同去拜访客户

4. 对经常给你吃闭门羹的客户，你会

A. 减少去拜访的次数

B. 根本不去拜访

C. 经常去拜访并试图改善与客户的关系

D. 请示业务经理换人

5. 如果客户说"你的产品的价格太贵了"，你应该

A. 同意他们的说法，然后转移话题

B. 同意他们的说法，然后指出"一分钱一分货"

C. 不理会客户的说法

D. 竭力辩解

6. 当你回答了客户的异议之后，你应该

A. 保持沉默并等待客户继续说下去

B. 变换主题，继续销售

C. 继续举证

D. 试着催促客户签单

7. 当你进入某客户的办公室时，他正在审阅文件，那么你应该

A. 开始推销

B. 等他阅读完文件后再开始推销

C. 有合适的时间再来拜访

D. 请求对方聆听

8. 用电话约一位客户以安排拜访时间，总机把你的电话转给了他的秘书，秘书问你有什么事，你应该

　　A. 告诉她，你希望和客户商谈

　　B. 告诉她，这是私事

　　C. 向她解释，你的拜访将带给客户很多的好处

　　D. 告诉她，你希望同客户聊聊你的产品

9. 面对激进型的客户，你应该

　　A. 客气地对待

　　B. 过分客气地对待

　　C. 证明他错了

　　D. 拍他的马屁

10. 面对悲观的客户，你应该

　　A. 说些乐观的事

　　B. 对他的悲观思想一笑了之

　　C. 指出他的悲观是错误的

　　D. 引述事实并指出你的论点是完美的

11. 在向客户的展示产品介绍资料时，你应该

　　A. 在他们阅读时，解释销售的重点

　　B. 先介绍资料，然后将重点念给他们听

　　C. 把资料留下来，让他们自己阅读

　　D. 希望他们把这些资料张贴起来

12.客户告诉你,他们正在考虑你的竞争者的产品,他们征求你对竞争者的产品的意见,你应该

A.指出竞争者的产品的不足

B.称赞竞争者的产品的特征

C.表示知道竞争者的产品,然后继续推销你自己的产品

D.开个玩笑以引开他们的注意

13.当客户问什么时候可以送货时,你应该

A.说明送货的时间,然后继续介绍产品的特点

B.告诉他们送货的时间并拿出订单

C.告诉他们送货的时间并照应别的客户

D.告诉他们送货的时间并等候客户决定

14.当客户抱怨时,你应该

A.打断他们并指出其错误之处

B.注意聆听,明知是产品的问题,但有责任予以否认

C.同意他们的说法并将错误归咎于你的上司

D.注意聆听,判断怨言是否正确,适时解答或纠正其误解

15.假如客户要求打折,你会

A.答应回去后向业务经理申请

B.告诉他们没有任何折扣了

C.解释公司的折扣情况,然后悉心推介产品的特点

D.不予理会

16.当零售店向你提出:"这种产品销售得不好"时,你会

A.告诉他们其他零售店销售成功的实例

B.告诉他们产品没有按照应该陈列的方式陈列

C. 很巧妙地建议他们修改产品的销售计划

D. 向他们询问销路不好的原因，必要时将货取回来

17. 在获得订单后，你会

A. 高兴地谢谢他们后再离开

B. 略微交谈一下他们的爱好

C. 谢谢他们并恭喜他们，再次强调产品的特征

D. 请他们到附近喝杯茶

18. 在开始做销售说明时，你应该

A. 试图去发现对方的爱好

B. 谈谈天气

C. 谈论今早的新闻

D. 很快进入正题并说明他们可获得的好处

19. 下列情况中哪一种是你充分利用时间的做法

A. 将客户的资料更新

B. 和客户面对面洽谈

C. 学习更好的销售方法

D. 和同事交流经验

20. 当你与客户的谈话被第三者打断时，你会

A. 不予理会，继续推销

B. 停止推销并等候有利时机

C. 其他时间再来拜访

D. 请客户去喝一杯咖啡

评分标准：

1. A2 B5 C3 D1
2. A1 B3 C5 D2

3. A1 B5 C1 D3
4. A1 B1 C5 D3
5. A1 B5 C3 D2
6. A2 B1 C2 D5
7. A1 B5 C3 D2
8. A1 B1 C5 D2
9. A5 B1 C1 D1
10. A3 B2 C1 D5
11. A1 B5 C1 D1
12. A1 B3 C5 D1
13. A1 B3 C5 D1
14. A1 B2 C1 D5
15. A2 B3 C5 D1
16. A1 B1 C5 D2
17. A3 B1 C5 D1
18. A3 B1 C1 D5
19. A3 B5 C2 D1
20. A1 B2 C5 D3

做完测试题后，请按照以上的评分标准为自己打分。

结果分析：
100分：说明你是专业的销售员。
90~99分：说明你是很优秀的销售员。
80~89分：说明你是良好的销售员。
70~79分：说明你是一般的销售员。
60~69分：说明你是有待训练的销售员。
59分以下：说明你可能选错了行业。

第55讲
乔·吉拉德：在占有很多优势的主场谈判

观点直读

乔·吉拉德：如果可以选择，一支球队当然更愿意在占有很多优势的主场作战。销售也是一样。

在体育赛事中，比赛的双方都更愿意在主场作战。

任何人都无法否认主场优势的存在。主场优势体现最明显的运动非足球莫属，在欧洲三大联赛英格兰足球超级联赛、西班牙足球甲级联赛和意大利足球甲级联赛中，主队的胜率都在65%左右。在其他24个国家的40多个足球联赛中，主队胜率为63%左右。

因此，为公平起见，赛事组委会通常在赛场选择、安排上煞费苦心。

乔·吉拉德认为，销售同样存在主场优势，所以你应当大胆地邀请客户到你的办公室详谈。他说："在你自己的办公室里，你必然占据更大的主动权，拥有更多的控制权——你可以发号施令，允许或不允许他人打断你。另外，你可以利用一些好道具来达到促销目的。譬如，你可以把办公室的四面墙壁当作自由发挥的广告牌，有些话可能从自己嘴里说出来显得有点狂妄自大，但是写在墙上就不会。所以，这种微妙的方法可以帮助你向客户传达有用的信息。例如，墙上挂满了你荣获的各种奖章，一些登着你自己的消息的报纸、杂志以及和某些重要人士合拍的照片。这些'广告'对推销你自己有特殊的效果。"

国际管理集团创始人和负责人马克·麦克马解释说："在你自己的地盘上谈判，会给对方压迫感，对方的潜意识中极可能存在或多或少的紧张情绪。如果你彬彬有礼，让对方感到舒服和放松，那他们的紧张感就会大大减缓，而你也就赢得了他们的信任——即使这时真正的谈判还未开始。"

技巧学堂

办公室以外的场所更有助于建立人际关系。你可以选择在如下地点会见客户，或者带他们参观或参与活动：

- 球赛现场；
- 剧院；
- 音乐会；
- 画廊；
- 商业聚会；
- 社区互助活动；
- 所在公司举办的研讨会。

如果客户有孩子，你可以为他们提供一些电影票。这样既可以让他们周末放松一下，又可以加深彼此之间的关系。

错误提示：如果你有某个活动的门票，不要把票送给客户就了事，而是和他们一同前往。花几个小时与客户一起参加某些活动，不仅你能够从客户身上学到很多东西，而且能够加深彼此之间的关系。

第 56 讲
罗杰·道森：谈判中要尽力平衡双赢

观点直读

罗杰·道森：不要认为帮助客户得到他们想得到的东西，你就一定有损失。你们要的不一定是同样的东西。糟糕的谈判对手试图强迫对方改变立场。而高明的谈判对手知道即使立场差别很大，双方的利益也可以是共通的，所以他们通过行动让对方改变立场，关注双方共同的利益。

在商务谈判或交易中，双赢是谈判或交易双方追求的最理想的结果。什么是双赢？罗杰·道森认为，没有绝对的双赢，所谓双赢是双方都认为自己赢了而对方输了。例如，你拿着大订单离开了，你心里可能会想："我赢了！如果客户是个更高明的谈判对手，我其实还可以把价格再降一点儿。"然而客户心里可能会想是自己赢了，如果你是更高明的谈判对手，他们还可以给更高的价格。

在双赢谈判中，有四个基本原则需要你注意：

原则一：不要把谈判局限在一个问题上

如果把谈判局限在一个问题上，结果一定是有赢有输，谈判陷入僵局。这样的结果不言而喻，因为没有人愿意当冤大头。

罗杰·道森认为，要尽可能在谈判桌上多留一些问题。这样，如果客户在价格上做了让步，你就可以在其他方面给予补偿，从而让他们觉得自己并没有输。

案例链接

在一次研讨会上，有个从事商品房销售的人来找罗杰·道森。他很激动，因为他有个合同谈了一年多，现在差不多谈成了。他告诉罗杰·道森："我们几乎成交了。实际上除了价格其他问题都谈好了，我们的分歧只是7.2万美元。"罗杰·道森吃了一惊，因为他知道现在只剩一个问题了，那肯定有一方会输。尽管买卖谈成了，可他们还是留下了麻烦。

原则二：不要认为你想要的就是客户想要的

你或许会认为价格是谈判中压倒一切的问题。其实不然，对你重要的，对客户不一定重要；你想要的不一定就是客户想要的。例如，产品质量、付款期限、售后服务等一般是客户比较关注的问题。

高超的谈判不只是得到你想得到的东西，还要关心客户能否得到他们想得到的东西。你同客户谈判的时候，最强烈的想法不应该是"我能从他们那里得到什么"，而是"我怎么才能在不损害自身利益的同时给他们一些东西"。你给他们想要的东西的时候，他们往往会给你你想得到的东西。

只有你懂得人们在谈判中想得到的东西可能并不相同之后，才能实现双赢谈判。

原则三：不要太贪心

不要企图卷走谈判桌上的最后一分钱。你可能觉得你胜利了，但是如果客户觉得你战胜了他们，这对你有什么好处呢？

所以，不要企图全都拿走，在谈判桌上留下一些东西，让对方觉得他们赢了。

原则四：把一些东西放回谈判桌

做一些你义务之外的事情。给客户一些附加的服务，给他们更多的关心，结果你会发现没有经过谈判额外获得的这些恩惠比谈判中所谈的一切事项意义更加重大。

在罗杰·道森看来，谈判不能只是一方输、另一方赢的"零和游戏"，谈判高手总是能在谈判的过程中营造让对手感觉赢了的氛围，同时让己方获得利益。让己方获得利益是目的，而营造让对手感觉赢了的氛围则是手段。

题外链接

罗杰·道森致中国企业精英的信（节选）

你们好，我是罗杰·道森。25年来，我去过世界上113个国家给人们讲授如何进行优势谈判。我可以肯定地说，在这些国家当中，从来没有一个国家像今天的中国这样具有如此多潜在的成功机会。你们恰逢良机，真的应该充分利用这个时机，提升你们的商业技能。而我认为，其中最重要的就是懂得如何进行优势谈判，这是任何商业技能都无法与之媲美的！

你们当中可能有人会说："我们销售的都是市场定价的产品，并没有太大的价格弹性，所以不需要进行价格方面的谈判。"我完全不同意这种观点。如果你的价格没有什么弹性，那么相对于那些销售价格有弹性的人，应该更具有谈判的优势才对。有人可能会说:"嗯,我认为只有在发生危机的时候才用得着谈判,我并没有接到诸如越狱、绑架等危机事件发生的电话呀。"如果你真的这么认为,那就大错特错了。可以说,谈判在人们的现实生活中无处不在,它不仅仅是处理危机的艺术,实际上,当需要跟另一个人面对面严肃地讨论一件重要的事项时,你就是在进行谈判了。如果不懂谈判,你就无法开创双赢的局面。

第57讲
乔·吉拉德:不应当把销售变成争论或战斗

观点直读

乔·吉拉德:我们应当记住一条重要的原则:你是在做生意而不是去打胜仗或吃败仗。我看到有些销售员会忍不住和客户发生争执,甚至弄得面红耳赤。不管是谁占上风,生意不可避免地会失败。记住,千万不要与客户争辩,因为这样做会使你们发生对抗。

在面对爱争论的客户时,最忌讳的就是销售人员指责对方,与客户发生争执。不当面指责客户,不与客户发生冲突,自己的调子低一点,永远保持礼貌、谦虚、谦恭,这并不意味着低人一等,而是沟通的艺术。

与客户争辩,输的一定是你

乔·吉拉德认为,与客户意见不合时,切不可与他们争论。因为和客户争吵通常有三种后果:

- 你赢了,客户点点头:"好,你狠。我不买你的东西还不行吗?"
- 你输了,客户轻蔑地说:"你还不如我,讲什么讲,回去再读一下产品说明书吧!"
- 相持不下,最后一拍两散。

不管是哪种结果，输的一定是你。不要忘了，你的目的是让客户购买你的产品，而不是逞口舌之快。

案例链接

乔·吉拉德有个叫欧哈瑞的同事，他性格比较直爽，爱冲动。不能说欧哈瑞工作不努力，但他的业绩总是不太好。原因是什么呢？说起来也简单，因为他总爱和客户争辩，每次都争得面红耳赤，不占上风绝不罢休。

有一天，由于客户说了些汽车不好的话，他立刻涨红了脸大声辩驳。

后来，客户没争过他，气呼呼地一甩手走了。看着客户的背影，欧哈瑞脸上有些得意，似乎说："我又赢了那家伙。"

对销售员来说，这个结局是赢了吗？答案不言自明。

本杰明·富兰克林说："如果你总是抬杠、反驳，也许偶尔能获胜，但那是空洞的胜利，因为你永远得不到对方的好感。"

耐心聆听，不争辩

要耐心聆听客户的挑剔，尤其是抱怨，不要与其争辩。

既然客户抱怨，就表示他们在精神或物质上已经遭受了某种程度的伤害，希望能发泄一下心中的不满情绪，希望能够得到你的同情和理解。你是不太可能成功地向盛怒的客户讲道理的。因此，当客户抱怨时，一定要冷静地让客户把他们想发的牢骚全部发出来，这样才能平息他们的怒气。

诚恳地接受客户的抱怨

客户抱怨或不满时，你不仅要耐心地聆听，而且态度要真诚，这可以说是消除客户怨气最基本的做法。如非常关切地望着客户，脸上露出同情或焦急的神情，适当地点头等。

案例链接

美国底特律市有一家历史悠久的钢材公司,杰弗逊是这里的销售主管。他有一句座右铭:"当面指责客户是一件多么可笑的事。你可以赢得辩论,但你什么东西也卖不出去。"

杰弗逊之所以会这样说,是因为他有过太多的教训。后来,他渐渐明白了,销售中有一条铁律:绝对不要当面指责客户,不要让你的语言使客户感到没面子。

有一天下午,杰弗逊刚上班,电话铃就响了。来电的是一位客户,他抱怨杰弗逊运去的一车钢材大部分不合格。那车钢材卸下1/4以后,检验员报告说有55%的不合格,决定拒绝收货。

这可不是一件小事,杰弗逊马上乘车到对方的工厂去,他基本能猜到问题的所在。在路上,他想,用什么办法可以说服那位检验员呢?

如果在以前,杰弗逊到了那里,立即就会得意洋洋地翻开《钢材等级规格国家标准》,引经据典地指责检验员的错误,斩钉截铁地说自己供应的钢材是合格的。

但是,无论杰弗逊提供多么确凿的证据,最终还是要按照客户的意见办事,不是把钢材运回去换一批,就是退货。杰弗逊的态度越是坚决,对方就越不让步。当然,现在的杰弗逊不会这么做了。

到了客户的工厂后,采购科长板着面孔,钢材检验员满脸怒色,只等杰弗逊开口,就借机吵架。杰弗逊见到他们,笑了笑,根本不提钢材质量的问题,只是说:"我们去看看吧。"他们闷不作声地走到卸货卡车的旁边,杰弗逊请他们继续卸货,请检验员把不合格的钢材一一挑选出来摆在另一边。杰弗逊看检验员挑选了一会儿,发现他之前的猜测没有错,检验员检验得太严格了,而且他把检验一等品的标准用于检验二等品上。

不过,虽然检验员犯了错误,但杰弗逊没有指责他,而是轻声细语地询问钢材不合格的理由,一点儿也没暗示他检验错了,只是反复强调是向他请教,希望今后送货时能完全满足他们工厂的质量要求。

由于杰弗逊和颜悦色,以非常友好的态度虚心求教,检验员慢慢高兴起来,双方剑拔弩张的气氛缓和了。这时候,杰弗逊小心地提醒几句,让检验员自己觉得挑选出来的钢材可能是合格的;而且让检验员自己了解,按照合同约定的价格,只能供应这种等级的钢材。渐渐地,检验员的态度改变了。他坦率地承认,他检验钢材的经验不多,并反过来问杰弗逊一些技术问题。杰弗逊这时才谦虚地解释,运来的钢材为什么全部都符合要求。杰弗逊一边解释,一边反复强调,只要检验员仍然认为不合格,还是可以调换的。

检验员终于明白了,最后他自己指出,他们把钢材等级搞错了,按合同要求,这批钢材全部合格。杰弗逊收到了一张全额支票。

可以想象一下,假如杰弗逊还像以前一样与客户据理力争,坚决指出客户的错误,结局肯定不会如此完美。杰弗逊不仅让一桩生意起死回生,挽回了一大笔损失,更重要的是从此与这家工厂及这位钢材检验员建立了良好的关系。这一点绝对不是金钱能够买到的。

站在客户的角度理解他们的抱怨

常言道,"将心比心"。为人处世要换位思考,体谅别人的感受。当客户投诉或抱怨时,最希望自己的处境能得到你的同情、尊重和理解。因此,你绝不能为自己开脱,而是要想一想"如果我是客户,我会怎么做"。

不少销售员把客户的抱怨视为小题大做、无理取闹,这是因为销售员仅仅把自己作为旁观者来看问题。在你未证实客户说的话的真实性之前,不要轻易下结论,即使客户是错的,他们在主观上也认为自己是正确的,所以你要站在他们的角度,理解他们的处境。

大量实践证明,只有站在客户的立场上看问题,你才能采取更有效的措施予以妥善处理。

客户的抱怨也许是个扬名的机会

乔·吉拉德说:"记住,如果客户把你的产品批评得一无是处,不要认为这笔生意已经泡汤了。"

被誉为"经营之神"的松下幸之助也认为,对客户的抱怨不但不能厌烦,反而要当成好机会。

他曾经告诫部属:"客户上门投诉,对企业而言实在是一次难得的纠正自身失误的好机会。有许多客户买了次品或碰到不良服务时，因怕麻烦或不好意思而不来投诉，但坏印象、坏名声永远留在了他们的心中。

"因此，对待抱怨的客户一定要以礼相待，耐心听取对方的意见，并尽量让他们满意而归。即使碰到爱挑剔的客户，也要尽量忍让，至少要在心理上给他们如愿以偿的感觉。如果有可能，你要尽量在少受损失的前提下满足他们提出的一些要求。如果能让鸡蛋里挑骨头的客户满意而归，那么你将受益无穷，因为他们中会有人给你做免费的宣传和销售。"

潘恩人寿保险公司的销售员管理规定中有一条就是："不要争论，让客户把心中的牢骚话说完。"

这个理念也是乔·吉拉德想送给同行们的。

技巧学堂

客户异议产生的原因及处理技巧

客户的原因

- 拒绝改变现状。
- 情绪处于低潮。
- 没有购买意愿。
- 产品无法满足客户的需要。
- 预算不足。
- 借口、推托。
- 客户内心隐藏着异议。

销售员的原因

- 销售员无法赢得客户的好感。
- 做了夸大、不实的陈述。
- 使用了过多的专业术语。
- 事实调查不正确。
- 沟通不当。

- 展示产品失败。
- 姿态过高，让客户感受到压迫感。

处理客户异议的技巧

- 忽视法：重视客户的反应，但忽视客户的某些意见，把重点的解说放在客户比较感兴趣的焦点上。
- 补偿法：通过购买主导商品、补偿附加商品或配件的方式达成客户的意愿。
- 太极法：取自太极拳中的借力使力。就是将客户的反对意见直接转换成他们必须购买的理由。例如可回复客户："这正是我认为您要购买的理由。"
- 询问法：可能客户还没有弄清楚你的介绍，或者有难言之隐，或者是有意推托。所以，要将原因弄清楚，再对症下药。
- 合并意见法：将客户的几种意见汇总成一个意见，或者把客户的反对意见集中在一个时间段讨论。总之，就是要削弱反对意见对客户产生的影响。

第58讲
罗杰·道森：运用"黑脸/白脸策略"破冰

观点直读

罗杰·道森："黑脸/白脸策略"是给别人施加压力而又不会产生冲突的最好策略。

在查理·狄更斯的著作《远大前程》中有这样的情节：

皮普在墓地玩，突然一个令人毛骨悚然的巨人向他走来。他是个腿上缠着锁链的囚犯。他要求皮普回村子里给他拿些吃的，再拿一把锉。

如果他用恶声恶气的命令口吻,再加上恐怖的形象,皮普要么会被吓晕过去,要么会跑去报警。

这个囚犯很聪明,他对皮普低声说:"小伙子,我喜欢你,我不会伤害你,但是我得告诉你,那边有一个朋友在等我,他可能会打你,我是唯一能制服他的人,如果我不能除掉身上的锁链——如果你不帮我除掉它——我的朋友可能会来追你。所以你得帮我,你明白吗?"

这个囚犯用的办法就是"黑脸/白脸策略"。

"黑脸/白脸策略"的实际应用

罗杰·道森说,客户用"黑脸/白脸策略"对付你,效果经常是超乎想象的;你同两个人谈判的时候,通常会发现他们以这种方式对付你,所以要时时提防。

即使每个人都心知肚明,该策略也很有效。

案例链接

你要向一家公司销售一套办公设备。当你进入约见的副总经理的办公室时,发现公司的总经理也在。于是,副总经理让总经理也听听你的介绍。

这是二对一的谈判,对你有一定的压力,但进展还算顺利,应该能够成交。

但就在报出价格时,总经理突然生气了。他对副总经理说:"看呀,我就不相信这些人能给我们一个严肃的报价。对不起,我还有事。"然后他气冲冲地起身离开了。

如果你经验不足,就真的动摇了。

然后副总经理说:"他经常这个样子,但我真的觉得你的产品不错。如果价格再调整一些,我想我们可以成交。总经理那边我可以去帮你说说。"

如果你没有注意到他们对你使用的计策,可能会说:"啊,那太感谢您了,您认为给多少价格总经理会同意呢?"

最终生意算是成交了。但你却上当了,因为他其实根本就不站在你这边。

破解"黑脸/白脸策略"的方法

对于这种情况,罗杰·道森给出的破解方法如下:

第一种方法是揭穿它。尽管有很多解决问题的方法,但这可能是你需要了解的最重要的策略。但如果直接揭穿,被当场识破的人会感到尴尬。因此,如果你看出对方运用此计时,应该微笑着说:"喂,接下来你是不是要用'黑脸/白脸策略'呢?来来来,坐下来,咱们解决一下这个问题。"通常他们会感到不好意思而偃旗息鼓。

第二种方法是你可以创造自己的"黑脸"来回击。你可以告诉客户,你愿意按照他们的要求去做,但公司领导绝不会同意。你要虚构一个比在谈判桌上的"黑脸"更加强硬的"黑脸"。

第三种方法是你可以当面向对方的上级核实情况。例如,你同零售商谈判,可以给经销商打电话说:"他们跟我扮演'黑脸/白脸策略',你也是这个意思吗?"当然,越过客户去找其上级的做法可能会使客户生气,所以要谨慎运用此法。

第四种方法是你尽管让"黑脸"表达他的意见,尤其是他的话让人讨厌的时候。最终,他的人会厌倦听他唠叨,让他闭嘴。

第五种方法是你可以对那个"白脸"说:"我知道你们两个用的是什么计策。从现在起他说的任何话我都认为是您说的。"有时你心里把两个人都当作"黑脸"也是可以解决问题的,没有必要揭穿他们。

第六种方法是要先发制人,对扮演"黑脸"的来者说:"我敢保证你是来扮演黑脸的。我和您一样急于解决问题,那我们为什么不采取双赢的办法呢?"

主题游戏

蒙眼作画

工具：眼罩、纸、笔，所需时间10~15分钟

人人都认为睁着眼睛要比闭着眼画得好，因为看得见，是这样吗？在日常工作中，我们自然是睁着眼的，但为什么总有些东西我们看不到呢？当发生这些情况时，我们有没有想过借助他人的眼睛？

目标：

1. 使队员明白单向交流方式和双向交流方式可以取得的效果不同。

2. 说明当我们集中所有的注意力去解决一个问题时，可以取得更好的效果。

规则：

用眼罩将所有队员的眼睛蒙上，给每人分发一张纸和一支笔，要求蒙着眼睛将他们的家或指定的其他东西画在纸上，完成后让队员摘下眼罩，欣赏自己的杰作。

讨论：

1. 为什么当他们蒙上眼睛时，所完成的画并不像他们期望的那样呢？

2. 怎样使这些工作更容易些呢？

3. 在工作场所，如何解决这个问题呢？

第59讲
罗杰·道森：掌握恰当的时机向对方施压

观点直读

罗杰·道森：谈判高手都应该知道，每个人在一定的外部压力下通常会改变自己的决定。这一点对你促成交易很重要。

通常，人在某种压力下会改变自己的决定。罗杰·道森认为，可以把这种理论运用到商业谈判或交易活动中。

时间压力

在时间压力下，人们往往会做他们原本不愿意的妥协。

一般情况下，谈判中80%的让步都是在谈判最后20%的时间内促成的。如果在谈判初期提出来额外的要求，客户很可能不愿意让步，那么整个交易也许就失败了。相反，如果在谈判最后20%的时间内提出来，客户更愿意让步。

需要注意的是谈判的时候永远不要向客户透露自己的最后期限。例如，你飞到异地同客户谈判，你回来的飞机是下午6点起飞，那么即便你急着赶这趟飞机，也不能让客户知道这个时间。如果他们知道你订的是6点钟的返程飞机，你一定要让他们知道9点还有一趟返程的飞机，或者你可以等到双方找到满意的解决办法以后再返回。因为如果他们知道你返程的时间，他们就有可能把谈判拖延到最后一分钟。在这种时间压力下，你就有可能让步。

同样，如果你在谈判的时候想运用时间压力的策略，就要想尽办法探知对方的最后时间期限。如果对方在谈判初期就把一些比较敏感的问题提出来了，你就可以尽可能往后拖。"哦，这个问题我们可以一会儿再谈。"或者故作轻松地说："这不是个大问题，我们以后再谈。"如果你在接近对方能承受的时间期限内提出这些问题，就能将主动权掌握在自己手中。

案例链接

罗杰·道森曾在他的谈判研讨会上设计了一些练习，让学员进行实践。

他给他们设计了谈判题目并规定谈判时间是15分钟，要求他们在15分钟之内必须达成交易。

其间，罗杰·道森在房间里到处溜达，偷听他们谈判的过程。

在前12分钟内，他们之间互不相让，谈判没取得实质性进展。

在12分钟的时候，80%的时间已经过去了，罗杰·道森拿起话筒，告诉他们只有3分钟了。

然后，他时不时地报告一下时间，不断地给他们施加压力并在最后1分钟开始倒计时。

结果，在最后半分钟内，他们互相都做了巨大的让步。

在谈判中，如果双方都知道对方的时间底限，那么哪一方应该向对方施加时间压力，哪一方应该避免呢？

罗杰·道森认为，在这种情况下，强势的一方可以使用这种策略，弱势的一方应该避免，而且在时间底限到来之前谈妥。

例如，你租了一间办公室办公，再过6个月租期就到了，你必须得跟房主谈续约的事情。你心里可能想："我得给房主施加时间压力，等到最后一分钟跟他谈判。那时，如果我搬走，这个地方就得空好几个月，他才能找到新的租户。这样他就会在时间压力之下给我比较优惠的续租条件。"

但事情可能无法如你所愿——房主也想用时间压迫你。"如果你不提前确定是否续约，我就要在租约到期时把房子出租给别人。"

现在的情况是你们双方都在接近同样的时间底限。所以，当前需要你做的是判断谁是这次谈判中的强势方。这样你就知道是否可以选择使用时间压力策略了。

你可以拿出一张纸，在中间画一条线，在左边列出如果你不能续约将面临的选择：其他什么地方合适？是更贵还是更便宜？电话移机以及重印信笺需要多少钱？如果你搬家了，客户还能不能找到你？等等。

在右边列出房主将面临的选择：这座楼的特点是什么？他找新租户的

困难程度如何？为了吸引新租户，他必须花费多少改造和装修费用？等等。

当然，所列的项目只是你个人的观点，而你并不清楚对方的真实想法和压力。罗杰·道森教给了我们应对这种情况的策略，即无论你是谈判的哪一方，都应该认为自己处于弱势地位，必须想办法弥补。

如果你发现房主还是比你有更多的选择，就应该避免用时间施压，留下充足的时间跟房主谈续约的事宜。如果你明显比房主有更多的选择，那你就可以用时间施压，在最后一刻谈判。

信息压力

通常，占有信息更多的一方能主宰另一方。

这也是职业足球队要研究对手的打法的原因。因为一方获得的有关对方的信息越多，取胜的机会就越大。

谈判或交易活动中双方之间的交锋也是这个道理——谁对对方了解更多，就意味着谁在谈判或交易中占据主动权，更容易达成其愿。

案例链接

罗杰·道森的一个学生在佛罗里达州经营着一家大型医药集团，他告诉罗杰·道森，一个新保健组织找到他，想跟他签医疗服务合同。

在谈判之前，他决定尽可能多地了解这个组织的情况。他发现了一个有趣的问题：佛罗里达州政府已经给他们颁发了执照，但他们却刚刚开业。按照规定，他们必须在12个月内开始营业，否则就得重新申请执照。政府认为，他们是在做第一个广告的当天才获得了经营的资格。但是，只有当他们同一家医药供应商签订合约以后才能做第一个广告。

罗杰·道森的学生充分地利用了这个信息。他等到他们只剩下最后一周时间的时候才跟他们谈判。因为对方必须在那一周的星期五做广告，否则执照就失效了。

星期一和星期二，对方疯狂地给他打电话，但他没有回。直到星期三，对方主动表示愿意对他的一切要求做出让步。

这就是在谈判中掌握信息的力量。

显然，信息在谈判中有明显的重要性。那么，应该通过哪些途径去搜集有用的信息呢？

搜集信息的第一条原则：不要害怕承认自己不知道，不要过于自信。承认你不知道，承认你所知道的一切都可能是错误的。因为要弄清楚情况，你得承认自己不知道，而很多人非常不愿意承认自己不知道。

搜集信息的第二条原则：不要怕问问题。搜集信息的基础方法是问问题。你可能觉得这太简单了，但是一些销售员往往怕问问题，因为他们担心惹客户不高兴，或者认为自己已经知道答案了。

搜集信息的第三条原则：你在哪里问，结果会大为不同。当人们在工作环境中时，他们提供信息会非常小心。把他们从工作环境中引出来，你会更容易获得信息。

如果你在客户所在公司的领导的办公室里问，很有可能一无所获。但如果你能请客户出来吃饭或者打高尔夫球，他们会告诉你许多信息。

除了直接问客户问题，你还可以问已经同他们做过生意的那些人。即使你把他们当作竞争对手，他们也很有可能愿意跟你分享一些信息。所以，查查谁还跟他们做过生意，然后给这些人打电话。

另一个好主意是问比你想接触的人职位低的公司职员。例如，你想跟电脑连锁店总部的人谈判，你可以给它的分部打电话，约见一下分部的经理，先跟此人谈一谈。即使他不参与谈判，他也会告诉你有关公司决策的很多情况：他们为什么选这个商家而不选那个商家，他们特别考虑的因素有哪些，他们期望的利润额度是多少，他们付款的方式通常是什么，等等。你一定能在谈话中听出话外音。

搜集信息的第四条原则：通过同行搜集信息。因为人们往往更愿意跟同行分享信息。

在鸡尾酒会上，你会发现律师往往喜欢跟律师谈话，他们认为向同行业以外的人分享信息是不道德的。医生往往喜欢跟医生谈论病人，但不太愿意跟业外人士谈。工程师、管理员、工头和卡车司机都有对他们的职业和雇主的忠诚。把同行聚到一起，你会得到在其他渠道得不到的信息。

搜集信息的第五条原则：要注意证实小道消息的准确性。很多小道消息可能是别人故意编造出来愚弄你或分散你注意力的。

时刻准备离开

《老子》三十六章中说："将欲歙之，必固张之；将欲弱之，必固强之；将欲废之，必固兴之；将欲夺之，必固与之。"《鬼谷子·谋篇》中说："去之者纵之，纵之者乘之。"

谈判中，谈判者很可能在条件得不到满足的时候起身离开。其实，他们很多时候只是作势要离开，并不是真正想要放弃谈判。这个谈判策略也不过是吓唬对方而已。

这是三个施压策略中最有力的一个。要让对方知道，如果你不能得到你想得到的东西，你就会随时准备离开。如果你熟练地掌握和运用这个策略，就能在谈判中占得有利的地位。

案例链接

很多年以前，罗杰·道森的女儿朱莉娅准备买一辆汽车，她到卖主那里试了一辆很贵的二手车。她喜欢上了这辆车，而且卖主知道。然后她回来想让罗杰·道森跟她去看看，谈个好价钱。很难办，是不是？

在去那里的路上，罗杰·道森说："朱莉娅，你有没有思想准备，今天晚上不把车带回家？"

她说："不，我不。我想买，我想买。"

于是，罗杰·道森告诉她："朱莉娅，你最好把你的支票本拿来，他们要多少就给多少。因为你已经在谈判中输了。我们要准备离开。"

在谈判的两个小时中，他们离开了展室两次，结果成交价比她本来想给的价格少了 2000 美元。

在使用这个策略时，你应该把销售看成分四步走的过程：

- 期待。寻找想和你做生意的人。
- 评价。跟你做买卖，他们能不能承受得起？

- 刺激欲望。让他们非常想要你的产品和服务。
- 做成交决定。你已经激起了对方的欲望，而且对方正准备做决定，此时可使用"离开"这个策略。

请记住，离开的目的是得到你想得到的东西，离开本身不是目的。

使用这个策略时，你应该做好会空手而归的准备，如果你抱定得不到自己想得到的东西就不打算离开的念头，你在谈判中就已经输了。

此外，使用这个策略时最好有个中间人配合。例如，你正离开时，对方却没有说："哎，等等，回来，我们还可以谈谈。"这时，如果有个人说："看看，他现在心情不好，我看如果你们的价格能再优惠一点儿，我们还可以谈谈。"这样，交易往往会按着你的意愿成交。

技巧学堂

客户购买心理与销售员的应对

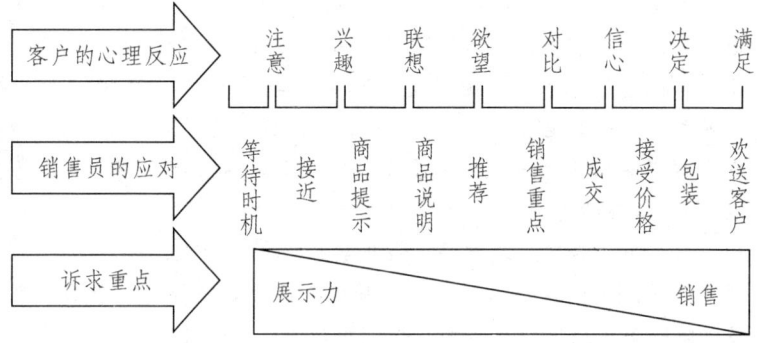

第60讲
河濑和幸：客户拿不定主意时，推荐几种选择

观点直读

河濑和幸：当客户在面临选择而拿不定主意时，你的义务是向他们推荐两种各方面差不多的产品并说明各自的优缺点，而不是替他们做决定。

"这些产品里面，我选哪个比较好呢？"客户经常会问销售员这样的问题。

面对这样的问题，一些销售员往往会指着自己负责或正在主推的产品告诉客户："当然是这个最好。"

这样回答合乎人之常情，也无可厚非。但是，客户很可能会不买账。他们会觉得你是"王婆卖瓜"，不会轻易接受你推荐的产品。

那么，遇到这样的情况时，你要怎么做才得当呢？

河濑和幸的建议是这样的——

首先，拿出两种差不多的产品对客户说："这两种都不错，您看看更喜欢哪一个吧。"要让客户自己做决定。当然，两种产品中的一种是自己销售的产品，另一种是性能和价格都差不多的其他商家的产品。

其次，按顺序介绍这两种产品，而且介绍两种产品花的时间要差不多。如果一个时间太长，另一个过于短，客户可能会看穿你的心思。

当然，这样做，卖出自己销售的产品的概率只有50%。那么，如何能提高客户购买你的产品的概率呢？河濑和幸有个小诀窍：先介绍自己的产品，再介绍用于比较的产品，然后说一句"其实我刚刚介绍的产品也有这些效果"，最后补充介绍一下自己的产品的特点。也就是说，要多介绍一次自己的产品，而且是一头一尾，这样能给客户留下比较深刻的印象。

河濑和幸强调说，其间你要抑制住想卖自己的产品的想法，绝不能有"我要卖出去"、"您一定要买我的产品"之类的想法。如果客户一旦觉察到你的意图，这桩生意也就基本上泡汤了。

主题游戏

猜人名

形式：分5个人一组、20个人一个班最适合，这样就有4个小组

时间：15~20分钟

材料：四顶写有名人的名字的高帽

适用对象：最适用于训练销售员及一线管理人员

活动目的：

训练一线管理人员或参加培训的销售员熟练地使用封闭式问题提问的能力，利用所获取的信息缩小范围，从而达到最终目的。该训练能让学员在寻求"是"答案的过程中，练习如何组织问题及分析所得到的信息。

操作程序：

1. 在教室前面摆四把椅子。

2. 每组选一名代表为"名人"坐在椅子上，面对小组的队员们。

3. 培训师给坐在椅子上的每一位"名人"戴上写有名人的名字的高帽。

4. 每组的成员中，除了坐在椅子上的人不知道自己是哪个"名人"，其他人都知道，但谁都不能直接说出来。

5. 现在开始猜，从1号开始，他必须问封闭式问题，如"我是……吗？"如果小组成员回答"是"，他还可以问第二个问题。如果小组成员回答"不是"，他就失去了机会，轮到2号发问，以此类推。

6. 谁先猜出自己是谁者为胜。培训师应准备一些小礼物给赢的队。

相关讨论：

你认为哪一位"名人"提问者最有逻辑性？

如果你是"名人"，你会怎样改进提问的方式呢？

第61讲
罗杰·道森：对不同性格的客户采取不同的谈判策略

观点直读

罗杰·道森：谈判高手都知道，对不同性格的客户要采取不同的做法。弄清楚客户的性格特点，改变你的谈判策略来适应它。

谈判高手知道如何让客户改变立场，使他们能集中考虑共同的利益问题。

要达到这个目的，你就要熟悉客户的不同个性，了解他们处理问题的不同方法。尽管他们的立场可能与你完全不同，但你要努力改变他们的立场，让他们把关注的焦点放在双方的共同利益上。

罗杰·道森认为，人的个性大致可以分为四种类型：果断型、非果断型（慢性子型）、情感型和非情感型。

果断型客户一般喜欢单刀直入谈生意，往往会很快做决定。例如，"如果你打折20%，我就要一卡车货，15日以前运到，照管好货物。你看行不行？"而非果断型客户考虑的时间较长，习惯于慢慢做决定。

情感型、用右脑思考者富有创造性，重点关心的是人。而非情感型、用左脑思考者通常认为"黑就是黑，白就是白"，重点关心的是物。观察客户说话的方式、待人的热情程度，可以判断他们是否是情感型个性。

把果断型和情感型两个层面结合起来，你又可以将客户分为四种不同的类型，即独断专行型客户、外向型客户、随和型客户和分析型客户。

果断型 + 非情感型，即独断专行型客户

独断专行型客户通常会对打进来的电话进行筛选。他的秘书在接通电话之前会了解是谁打来的电话，打电话有什么事。他的办公环境很正式，会安排秘书接听电话，安排见面，把你请进他的办公室而不是在其他地点见面。独断专行的人通常喜欢滑冰、潜水、飞行等运动。他整洁、有条理，经常穿得很体面。

对独断专行者，不要浪费时间跟他说闲话。你要主动提出自己的意见，不要闲聊，如果你想谈谈昨晚的篮球比赛来套近乎，他会把目光移开盯着别的地方。不要给独断专行者提供过多的信息，因为他会根据最必要的一些信息做决定。如果你想通过很热情的陈述来分散他的注意力，他会觉得你像个骗子，他会严格依据事实果断地做决定。

果断型＋情感型，即外向型客户

外向型客户友好而开放。他会亲自接电话，一般不会对打进来的电话进行筛选。

如果你到他的公司去，他可能会在走廊迎接你，会领着你在他的公司转一圈。他走在公司里，会热情地跟每个人打招呼。他可能喜欢看篮球或足球比赛。他或许会把家人的照片放在办公室。

他是个热情友好的人，但不怕对你说不。所以，他有人情味，同时也很果断。他不是很有条理，他的办公桌或许很乱。他做事往往不持久，但他讨人喜欢，跟他在一起会很有意思。

你同外向的人打交道的时候，要摆出热情友善的姿态。要让他高兴，让他谈他的兴趣爱好，要等待他根据他对你的项目的兴趣程度做决定。

非果断型＋情感型，即随和型客户

随和型客户往往会给自己设置障碍。他或许有一个没有顺序的电话号码簿，或许在门上挂上"谢绝推销"的牌子。给他打电话约见他，他会告诉你什么时候去都行。他往往缺乏条理，因此他可能不会拒绝别人。

他周围的环境温暖、舒适，因为他同生活中的一切，如家、家具、汽车等都建立了难以割舍的关系，不喜欢改变它们。你同随和的人相处的时候，要慢慢来，等到他相信你以后再向他证明你真的会关心人。要当心，因为你的一点儿小失误就有可能冒犯他。不要对他施加压力，因为他不喜欢别人强迫他做决定，得给他时间让他把问题想清楚，要等他觉得跟你在一起很舒服的时候再提议。

非果断型 + 非情感型，即分析型客户

分析型客户可能有工程技术或财会背景。他或许有恋物癖，周围到处是电脑、计算器和电话机。他有强烈的好奇心，总是在搜集信息，而且乐此不疲。给他看一本书，他就要弄清楚是什么时候出版的以及是怎样印刷的。

分析型客户对时间要求很精准，你永远不会听他说："我午饭前后到。"他会说："我12点15分到。"所以，你向他介绍自己的产品的时候，要精确到小数点以后两位数，要把过程的每个细节讲清楚。要想跟他套近乎，就谈谈他的兴趣，或许可以包括工程或计算机技术。

了解你面对的客户的个性，对你来说非常重要。它会决定你和客户交流的顺畅程度，甚至决定你的交易结果。

例如，有人告诉你，人们靠热情买东西，如果你不热情，怎么让客户对你的产品或服务热情呢？

那么，"热情"是不是对所有客户都有效呢？热情对外向的人往往很有用，因为他们容易感情用事；对随和的人也很有效，因为他们对你的热情感到温暖。但是独断专行者通常会拒绝热情，"不要给我设虚伪的圈套。"他心里会想，"请提供我需要的事实"。分析型的人通常也不会被热情左右，只有他们觉得自己掌握了足够的信息以后，才会做决定。

观点图解

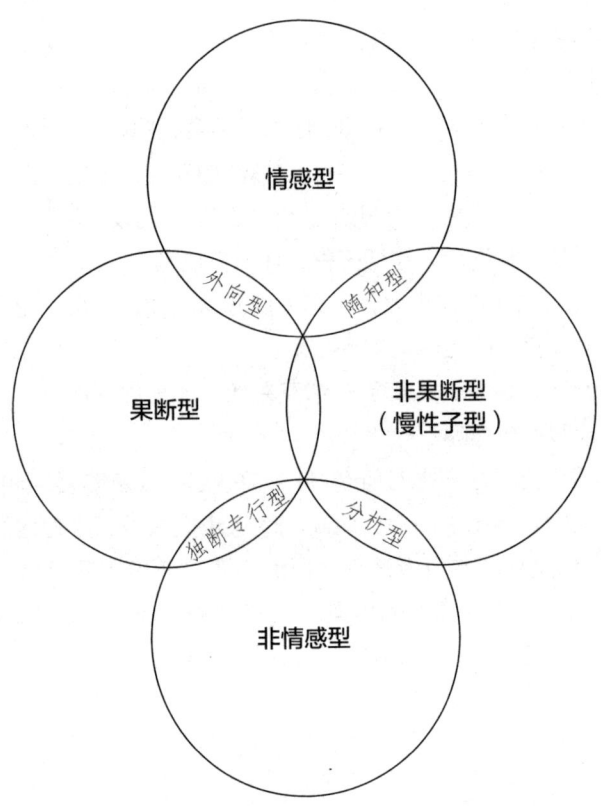

[阶段测试] 测试并了解你的心理素质和应变能力

销售是个充满挑战的工作，每天会面对许多突如其来的困难和挫折，会面对形形色色的客户和起伏多变的市场。所以，销售员应该具备良好的心理素质和应变能力。回答以下8道心理素质测试题，每道题选一个答案，然后根据评分标准将分数累加起来，看看总分是多少，就能大致了解你自己的心理素质和应变能力。

1. 你骑车闯红灯，被警察拦住，警察知道你急着赶路，却故意拖延时间，这时你会

    A. 急得满头大汗，不知怎么办才好

    B. 真诚地向警察道歉

    C. 听之任之，不做任何解释

2. 在朋友的婚礼上，你突然被邀请发言，在毫无准备的情况下，你会

    A. 结结巴巴说不出话来

    B. 感到很荣幸，简短地讲几句

    C. 很委婉地谢绝

3. 你在餐馆用完餐，服务员来结账时，你忽然发现身上带的钱不够，此刻你会

    A. 感到很窘迫

    B. 自嘲一下，立即对服务员实话实说

    C. 在身上东摸西摸，拖延时间

4. 假如你乘坐公共汽车时忘了买票，被人查到，你的反应是

    A. 尴尬，出冷汗

    B. 冷静，不慌不忙，接受处理

    C. 强作微笑

5. 你独自一人被关在电梯内出不来时，你会

    A. 恐慌不安

B. 自己想办法出去

C. 耐心地等待救援

6. 有人像老朋友似的向你打招呼，但你对他没有任何印象，此时你会

A. 装作没听见

B. 坦率地承认自己记不起来了

C. 看看他，一言不发

7. 你拎着买的商品从超市里走出来，忽然意识到没有付款，此时保安人员朝你走过来，你会

A. 心跳，惊慌

B. 诚实地主动向他解释

C. 迅速回去付款

8. 假设你从国外回来时行李中携带了超过规定数量的烟酒，海关工作人员要求你打开提箱检查，这时你会

A. 感到害怕，两手发抖

B. 泰然自若，听凭检查

C. 与海关工作人员争辩，拒绝检查

评分标准：选A得0分，选B得5分，选C得2分

结果分析：

25分以下：说明你的心理素质比较差，很容易失去心理平衡，变得窘迫不安，甚至惊慌失措。

25~32分：说明你的心理素质比较好，性情还算比较稳定，遇事一般不会十分惊慌，但有时会采取消极应付的态度。

32分以上：说明你的心理素质很好，几乎没有令你感到尴尬的事。你的应变能力很强，是能经常保持镇静、从容不迫的人。

第62讲
乔·吉拉德：不要急着和客户谈价格

观点直读

乔·吉拉德：在没有做好准备之前，没有哪个销售员愿意被问及产品的价格，除非他们已经充分展示了产品的价值。

乔·吉拉德认为，在向客户介绍产品的时候，尽量不要谈及价格，应该等客户对产品的价值有了全面的认识后，再与其讨论价格。

只有当客户了解了产品的价值之后，他们才能判断钱花得值还是不值。否则，出于对金钱的敏感以及以往砍价的习惯，客户通常会觉得你报价高了。

有了这种潜意识，下面的沟通就会有很多阻碍。

当客户向乔·吉拉德询价时，乔·吉拉德的反应是好像什么也没有听见，继续介绍产品。如果客户再次询价，他会说："请等一下，我们马上就会谈到价格问题。"然后继续介绍，直到他认为时机成熟时才会报价。

通常情况下，客户对产品价格的反应很大程度上来源于他们自己的购物经验。在一对一销售过程中，你要尽可能在报价之前想办法了解客户的购物经验，从而准确地判断他们能够接受的价位。

如果遇到客户非要首先问价格时，可以像乔·吉拉德那样，说："我很快就会谈到价格，但是我想让您多了解一些，这样您就可以发现这是一笔多么合算的交易。"

也可以采用模糊回答的方法来转移客户的注意力。例如，你可以说："这取决于您选择哪种型号。""那要看您有什么特殊要求。"或者你可以告诉客户："产品的价位有好几种，从几百到上千的都有……"

客户的支付能力与支付意愿之间往往存在差异，因此，客户的购买意愿没有形成之前，就没有谈价格的必要。

最后，必须报价格的时候，最好加上一句建议："在考虑价格时，也应该考虑这款产品的质量和使用寿命。"

在做出答复后，你应继续进行推销，不要让客户停留在思考产品的价格上，而是回到思考产品的价值上。

乔·吉拉德在最终准备报价时，还会先制造一些悬念。

"好了，我知道您现在已经开始喜欢这些具有优良品质的产品了。我相信，等您发现这笔交易真是物有所值的时候，您一定会激动不已。"

稍作停顿之后，他会接着说："好吧，您等了这么久，我现在告诉您价格是……"

随后，他写下价格递给客户。

在客户开口之前，他又常常会满面笑容地补充说："瞧，我是不是为您提供了周到的服务呢？"

事情到了这个份儿上，客户一般会签单。

题外链接

商品卖点解析图

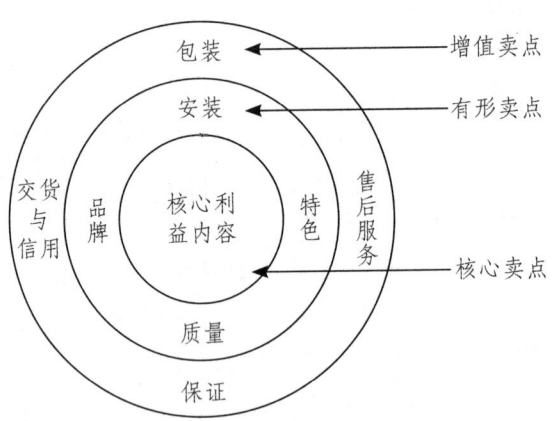

第63讲
乔·吉拉德：主动报出合理的低价

观点直读

乔·吉拉德：如果我卖车的数量超过任何人，那一定是因为我知道如何报出低价。

提到报价，或许很多销售员会觉得很纠结：报高了，容易吓跑客户；报低了，自己没钱赚。

但乔·吉拉德总是能报出让客户满意而自己又能赚钱的合适的价格。

客户之所以满意，是因为乔·吉拉德的报价比客户自己的报价低。通常情况下，为了比客户的报价低，他会降低一点儿利润，让客户把车开走。

乔·吉拉德之所以这样做，不是没有根据。他算过一笔账：如果由于价格便宜，每天能够多吸引一些客户，会比只有几个客户以高价买走多赚不少钱。

通常，乔·吉拉德是这样做的：

当谈到价格时，乔·吉拉德会告诉客户说，他会比别家的报价低1000美元。然后他就让客户到别的经销店去询价。

当客户询价回来后，乔·吉拉德会先让他们提供别家的价格，然后通过比较，给出低一些的价格。如果别的经销店给的价高得离谱，那么乔·吉拉德的承诺就兑现了，但大多数时候不会比吉拉德这儿高太多。这时，吉拉德的报价通常会比客户从别处咨询到的最低报价低50美元到100美元。

当客户对乔·吉拉德说"当初说的是要低1000美元"的时候，吉拉德就会指出自己的车加装了许多额外的配置，或者对客户说："您可真会买东西，这个报价已经是全市最低的了，我也只能降这么多了。"一般情况下，由于买到了自认为的便宜货，客户也就不会再较真了。

有时候，为了报出低价，乔·吉拉德会劝客户减少一些不太必要的选装配置，例如去掉空调，或者降低配置的规格，或者换个发动机功率小一些的车。

还有些时候，乔·吉拉德会用类似但成本低一些的车替代客户在别处询过价的车，这就要运用自己的专业经验了。因为吉拉德知道即使是同一家厂商生产的一模一样的两款车，价格也会有所不同。这是由于各个型号、各种配置的车价格有差异，就连不同颜色的漆的价格也会不同。

就这样，乔·吉拉德让客户买到了相对低价格的车，自己也赚到了该赚的佣金，结果皆大欢喜。

大师支招

多重报价

在应对客户讨价还价方面，美国著名谈判专家布莱恩·戴特迈尔根据多年的经验总结出一种方法：多重报价。多重报价就是给客户三种选择方案，而不是只有一种。如果只提供一种方案，客户就会本能地要还价。而如果从低到高给出三种报价方案，客户的注意力便会从"我要还价"转移到"哪种方案更适合我"上。客户会开始思考，"第三种方案价格太高，第一种提供的价值又不够充足，还是第二种最合适"。

在戴特迈尔看来，多重报价最大的好处就在于将销售员与客户从对立的两方转化到同一阵营中。当你提供多重选择方案时，客户会感觉到自己是在主动地做选择，而不是被动地与你展开谈价拉锯战，因此谈判就会更容易促成合作。

第64讲
罗杰·道森：对买家的出价故作惊讶

观点直读

罗杰·道森：谈判高手总是会对买家的出价表现出被吓了一大跳的样子。

罗杰·道森说："当客户出价的时候，通常只是在试探一下你的反应。如果你不表示惊讶，他们就会想：'也许我能让他接受。我认为他不会接受，但我得心狠点儿，看看他能让多少价。'"

例如，你在路边摊位上看到一幅待出售的画，但卖主没有标价。你问价，他说50元。如果看到你一点儿都不吃惊，他接下来通常会说："这是画的价，还有10元的装裱费。"

反之，如果你是卖主，如果你不故作惊讶，客户就会强硬起来。

这种情况在客户砍价时经常会遇到。

例如，你是汽车销售员，你的报价是5万美元，客户会说："我最多能出4.5万美元。"

如果你表现得比较平静，客户心里一定会想："我是不是给多了？"于是，他接下来还会提出一些附加条件："你得另外赠送我全车的贴膜、脚垫、座套以及1000美元的燃油费，不然我就到别家去看看。"

如果客户报出了4.5万美元的价格，即使你知道4万美元都可以卖，也要装出一副非常吃惊的表情，那么这单生意就不会让你除了搭上一堆赠品，还少拿5000美元里面的提成。

所以，罗杰·道森建议，即使你和客户不是面对面谈判，你也应该停顿一下，表示震惊，因为电话中表现出惊讶也是很起作用的。

案例链接

罗杰·道森的一位朋友是培训师。他听了罗杰·道森的这个建议后很感兴趣,决定试着用这个策略把他的讲课费提高一些。

当时,作为刚刚出道的培训师,他的课时费是每小时1500美元。一次,他受邀到一家公司做企业内部培训。当谈到费用时,公司主管说:"感谢您来为我们做企业内部培训,但我们最多只能给您每小时1500美元的课时费。"

如果在过去,他会说:"可以。"但现在他大吃一惊,说道:"1500美元?怎么可能!"

看着他惊讶的表情,公司主管想了想,说:"好吧,我们能给的最高费用是2500美元,如果您还不满意,我也无能为力了。"

这意味着每小时的培训费比以前高出了1000美元,而多拿这1000美元只用了15秒。

罗杰·道森解释说,人们之所以会吓一大跳,是因为大多数人更相信他们看到的而不是听到的。

题外链接

高起点,高收益

有一句话这样说:"如果你的目标定得高,你的成就也就会更大。"谈判也有类似的规律。如果你的起价定得高,往往可以为自己赢得比较大的利益空间。反之,如果起价定得低,那么成交价也就相应地降低了。

心理学研究证明,先开的价格往往会影响最终的成交价。国外有人曾做过一个很有趣的实验。他们在作为买方和卖方的两组学员中间设了一道屏障,使双方无法对视,交易只能在桌子底下用传递字条的方式进行。实验者对两组学员的指示是一样的,只有一点不同:其中一组学员接到的是"以7.5美元成交"的指示,而另一组接到的是"以2.5美元成交"的指示。

实验的结果是:被指示以7.5美元成交的那组学员以近7.5美元的价格成交,而被指示以2.5美元的价格成交的那组以近2.5美元的价格成交。

这个结果表明，期望较高的人总是能得到较好的结果，期望较低的人则往往愿意以较低的价格成交。

第65讲
金克拉：还价，可以用利益分割法

观点直读

金克拉：在你与客户谈到成交阶段的敏感话题——需要客户预付货款时，最明智的做法是想办法把货款的总数分解转化成客户将得到的利益，从而淡化客户的敏感度。

通常，在交易中，买卖双方争议的焦点大多集中在产品的价格上。

无论你的产品定价多低，客户总会嫌高。"太贵了！"这恐怕是任何销售员都曾遇到过的很常见的异议。

在这种情况下，是降价销售还是看着客户离去呢？

"我会让客户在一点儿优惠都没有的情况下满意地签单。"金克拉说。

他是怎么做到的呢？答案不着急揭晓，我们先听金克拉讲讲发生在他自己身上的故事。

案例链接

1968年，金克拉和妻子刚到达拉斯市的时候，他们急需购买一套房子。

当时，他们商定准备最多花2万美元买房子。刚开始看了几套都不太满意，后来金克拉因为工作忙脱不开身，买房子的事就由妻子负责了。

有一天，他下班回来，妻子带着一脸兴奋问："亲爱的，如果有特别合适的房子，我们还可以再多投资多少钱？"

"最多2000美元，不能超过这个数。2.2万美元可不是个小数目了。"金克拉说得很坚定。

"亲爱的，我找到属于我们的家园了，它真的棒极了！它拥有4个房间，每一个房间都有一个大衣橱。而且有宽敞的后院，那里足够盖一个大游泳池。你不是一直说想拥有这样的游泳池吗？"

"它的价格是多少？"金克拉关心的是价格。

"亲爱的，你亲自去看看才会知道它有多好。客厅特别大，车库也很宽敞，除了可以停放我们的两辆车，还可以放置我们所有的工具。另外，亲爱的，主卧室非常大，我们得有一部坐在上面操作的吸尘器才行。"

"但是，亲爱的，"金克拉再次打断妻子，"它卖多少钱？"

"3.8万美元，亲爱的。"

"天啊，比我们的预算整整多了1.8万美元！"

"但是你一定会爱上它的。最棒的一点是车库那儿还可以盖一间小办公室。你可以在里面写作。你不是一直说要写些东西吗？"

在妻子的软磨硬泡下，金克拉决定让妻子带他去看看。其实他也只是为了应付一下妻子而已，因为他觉得太贵了。

妻子首先带他来到客厅："亲爱的，看看这个客厅有多大！还有那些横梁是不是很漂亮？"

"你再看看你的写字台，它的旁边满是书架，可以放置你的书。"还未等金克拉张嘴，她又接着说。

妻子又把他拉到主卧室，有些激动地说："亲爱的，看看这个房间，它足够放一张大号的床，我们还可以把我们那两把椅子及那张桌子放在这里。这真是太完美了！我们早晨醒来时可以在这里喝一杯咖啡，多美好的生活啊！"

在妻子的心里，她已经把这套房子当成是自己的家了。

随后，妻子又带他来到后院。

"将来我们可以在这里建一座你喜欢的游泳池。喏，那边是车库，是不是可以停放两辆汽车？看，那边还有一大块空地，我们可以建一间你一直想要的办公室。"妻子指着宽阔的后院兴奋地规划着。

在参观完房子回家的路上，妻子抓着金克拉的手，满眼的期待。

"亲爱的，你觉得怎么样？"

"的确是栋漂亮的房子，但是价格太高了。"其实，说实在的，那时金克拉已经喜欢上了这套房子。

妻子没说什么，但金克拉知道她不会就此罢休。

第二天，在早餐桌上，妻子突然问他："亲爱的，我们会在达拉斯市住多久？"

"嗯，至少 30 年吧。"当时他 40 岁，他觉得自己至少还能活这么多年。

"那么 1.8 万美元除以 30，每一年是多少钱？"她问。

"600 美元。"

"那么，一个月呢？"她继续问。

"50 美元。"

"一天呢？"

"大约是 1.7 美元。亲爱的，算这个干什么？"其实，金克拉有些明白妻子的用意了。

"亲爱的，我可以再问你一个问题吗？"

"当然。"

"亲爱的，为了我的快乐和幸福，你愿意每天多花 1.7 美元吗？"

结局不用说了吧。

金克拉曾说，在他几十年的销售生涯里，第一个重要的销售技巧是从他的妻子那里学来的。那就是如果你不想降低价格销售你的产品，就必须向客户证明你的产品价格是合理的，值这个价格。

技巧学堂

强化客户收益心理的加减乘除策略

· 加法策略：帮客户汇总利益

就是将相关因素汇总，提升产品带给客户的价值感。你要从两点入手：汇总你的产品能带给客户的利益；累积客户面临的种种问题。

· 减法策略：将附赠的价值从客户的投入中扣除

很多产品都会附带赠品和免费服务。客户想要的除了产品本身的价值，还包括这些额外的价值。你在帮客户计算最终投入的时候，应该运用减法策略从产品价格中减去这些数字，让客户感觉自己的实际投入并不高。

· 乘法策略：给客户的"伤口上再撒上一把盐"

做乘法，就是将客户的麻烦变成燃眉之急。从心理学的角度讲，这种方式就相当于在客户的"伤口上再撒上一把盐"，那么赶快寻找"解药"就成了客户的必然选择。

·除法策略：将客户的投入进行分解

除法策略是一种将客户的投入进行分解的技巧。将客户的投入进行分解，要根据客户的具体情况灵活运用。分解的方式也有很多种，例如按照时间（每年或每月）、使用人数、部门等。使用这种策略可以让客户感觉很划算。

第66讲
罗杰·道森：一点点蚕食对方的利益

观点直读

罗杰·道森：蚕食策略是谈判后期会用到一个重要的策略，因为它可以让你做到两件事情：首先，使你已经同客户达成的交易锦上添花；其次，你可以用它使客户同意他们先前不同意的事情。

案例链接

朱莉娅高中毕业的时候向她的父亲罗杰·道森提出自己想到欧洲旅行五个星期的愿望。罗杰·道森爽快地答应了。

几周以后，女儿又给他写信说她想要1200美元零花钱。罗杰·道森没有拒绝。

第二天，朱莉娅又来找罗杰·道森，说："爸爸，你不想让我拿着那个破烂不堪的箱子到欧洲旅行吧？所有的孩子都带着新箱子。"最后她又如愿以偿了。

当时的朱莉娅可能并没有学过谈判学，但她很好地运用了谈判学中很重要的一个策略——蚕食策略。试想，如果她一股脑儿把所有的要求都提出来，父亲罗杰·道森很有可能会否定其中的一项甚至多项。

谈判后期运用蚕食策略，更有利于获得最大的收益。

蚕食策略的实战运用

心理学家研究发现，人们在做决定之前会抗拒"做决定"这件事，一旦做了决定，不但会拒绝改变主意，还会进一步肯定自己已经做的决定。

所以，谈判的一个原则就是不必一下子要求获得所有的利益。在谈判中要先让客户同意，然后再追加要求。这是因为人们在做了最初的决定之后压力就减轻了，感觉轻松了许多。在这种情况下，他们的意识进一步肯定了他们刚刚做的决定，他们对你提出的任何要求往往更容易接受。

例如，你是卖打包机的销售员，你试图说服一位女客户买最贵的打包机，但她不肯出那么多钱。此时你不必坚持，等其他方面都谈妥以后，你可以说："我们能不能再看看最贵的这种？我不是向谁都推荐这种，但就你们的规模和发展潜力，我真的认为你们应该买这个。那也不过意味着每月多花 500 美元。"你很有可能听到她说："那好吧，如果你认为这很重要，咱们就谈谈吧。"

避免客户对你使用蚕食策略

当然，蚕食策略不是单向的，你也要做好准备应付客户在谈判的最后关头对你使用蚕食策略。例如，你是卖汽车的销售员，双方的谈判已经接近尾声。某位客户坐在你的办公室里写支票，但正当他要签上自己的名字的时候，突然抬起头来说："包括一箱油，是不是？"这时，你往往会点头默认。因为你在想："我们什么都谈好了。我不想冒险重新谈所有问题，否则整笔生意很可能就丢了。我最好做点儿让步吧。"

为了避免客户对你使用蚕食策略，你要注意以下几点：

- 把所有细节事先谈好并形成书面文字，不要留下尾巴："以后再说"。
- 不要给自己让步的权力。
- 运用策略，创造让客户感觉自己赢了的氛围。如果客户觉得自己赢了，他们在谈判期间和谈判之后就不太可能对你使用蚕食策略。

技巧学堂

销售中要规避的缺陷

• 做事呆板机械。做事必须积极、主动，有自己的想法。例如，在寄送宣传册的同时，顺便敲定约见的时间；在面对不同的客户时，措辞不要千篇一律。

• 先说后问。医生会告诉你，他是哪里毕业的吗？一般不会。他会告诉你，他的从业时间吗？一般不会。他会问："你伤到哪儿了？"要学会提问，问有意义、有深度的问题，问你的竞争对手不会问的问题。

• 口头约定。如果客户认为你未能提供所承诺的服务——"我想你好像说过……"——没有兑现时，你恐怕有麻烦了。建议：将你承诺过的服务和条件都用文字记录下来。

• 贬损竞争对手。要知道，你在贬低竞争对手的同时，也是在贬低你自己。建议：在谈及竞争对手时，要称他们为行业标准或值得尊敬的对手。

• 打电话追问"是否已经收到我的资料"或"是否还有其他问题"。如果你认为这样做既可显示自己乐于助人，又能表现自己的专业性，那就错了。建议：打电话时要多问一些有创意的问题。

• "你在什么条件下才会购买？"这是销售中最糟糕的提问，因为它通常会导致谎言和压价，也有损你和客户的身价。正确的说法是："我想借此机会和您简单地分享一下为什么我的大部分客户仍愿意从我这里购买，虽然我的价格并不是最优惠的。"

• 先入为主。客户对你的公司、你的产品甚至两者已经有了某种看法。你希望在销售开始之前改变他们的这种看法。正确的做法是：诱导他们要求你进行产品演示或销售讲解。建议你问类似这样的问题："到目前为止，对于我们公司和我们的产品，您有什么体会？"

• 认为客户还没有做决定。客户可能已经决定从别处购买，或者已经决定从你这里购买，他们只不过是利用你的销售演示来确认某些事情，而不是决定购买。建议：在销售开始之前，要在尽可能短的时间内通过提问判断他们的决策程度。

• 跟进客户时无法为其提供更大的价值。如果你在跟进电话中只是说"工作忙吗"、"您还没有做决定吗"等,对激发客户的购买兴趣基本上起不到任何作用。建议:要充分利用打跟进电话的机会,为客户提供有价值的信息。

・试图通过陈述应对客户的拒绝。不要一味地通过陈述事实或摆明道理去应对客户的拒绝。建议:展示证明材料是打消客户疑虑最有效的方式。

第 67 讲
罗杰·道森:还价的幅度要越来越小

观点直读

罗杰·道森:不要在最后做很大的让步,因为这会让彼此产生敌意。

在销售中,与客户讨价还价的车轮战,相信每个销售员都经历过。

说实在的,不管是销售员还是客户,对讨价还价都比较纠结、发怵。但是这一关是躲不掉的。所以,不管你愿不愿意,都只能面对。

有报价,就有还价;有步步紧逼,就有且战且退。

因此,最关键的是面对客户挥来的大刀怎么在保证合理利润的前提下让步。

这是个难题,也是个学问。

罗杰·道森是精于此道的高手。我们来看他是怎么做的。

他在告诉我们正确的让步方法之前,先列举了四种错误的做法。

他说,假如你是卖器械的,你以 1.5 万美元的价格开始谈判,但是你最多可以降到 1.4 万美元拿到订单。所以,你的还价幅度是 1000 美元。

错误一

平均幅度。就是说你把 1000 美元平分后分几次让步,例如每次让 250 美元,分四次还价。

如果你这么做,客户就会想:你下一次也会让 250 美元。如此,他就会不断地跟你软磨硬泡，如果你下次让步少于250美元，他就会不满意。

所以，做任何两次价格相同的让步都是错误的。

错误二

如果你第一次做了600美元的让步，紧接着是400美元，然后说"这绝对是我们的底线了，少一分钱我都不能给了"，客户一般不会相信，他会说"你如果再降100美元，我们就成交"。当你告诉他连10美元都不能再降了的时候，他会想：你连400美元都让了，现在就100美元都不行，太不好说话了。结果生意很可能会告吹。

罗杰·道森认为，防止第二种错误的做法是不要在最后做很大的让步，因为这会让彼此产生敌意。

错误三

把1000美元一次性让出去。

即便你这么爽快，客户很可能不领情。他会说："你是我们正在考虑的三家供应商之一。现在你们排在前头，但是我们认为最公平的方法是请你们三家最后给一个价。"或者说："我们不喜欢讨价还价，你给个最低价吧！"

你该怎么办？

错误四

首先做很小的让步。你先告诉客户："我也许可以降100美元，但这是我们的极限了。"他拒绝后，你又降200美元。你又让了300美元之后，仍然没有得到订单，你的让价幅度中还剩400美元，所以你只能全让给他。

罗杰·道森认为，如果这么做，你很难成交，因为客户每次要你让步的时候，他得到的就越多。客户的胃口会越来越大，直到你决定放弃这笔生意。

这些做法都是错误的，因为它们会让客户形成一种期待的思维定势。

最好的方法是还价的幅度要越来越小。也许先让500美元并不过分，这是你的让步幅度的一半，然后让步越来越小。例如，你的下一次让步可能是200美元，然后是100美元，最后是50美元。

当让到50美元的时候，你不必告诉他你已经让到了头，他也不可能再多要了。因为你越来越小的让步就已经暗示他不可能再多要了。

[阶段测试] 菲尔人格测试

皮克·菲尔，美国心灵励志大师，被誉为"菲尔博士"。下面的这个测试是菲尔博士在著名主持人欧普拉的节目里做的，即所谓的"菲尔人格测试"。这个测试被很多大公司的人事部门所采用。

通过这个测试，你将看到真实的自己。

1. 你何时感觉最好？
A. 早晨
B. 下午和傍晚
C. 夜里

2. 你走路时是
A. 大步地快走
B. 小步地快走
C. 不快，仰着头面对着世界
D. 不快，低着头
E. 很慢

3. 和他人说话时，你会
A. 手臂交叠站着
B. 双手紧握着
C. 一只手或两只手放在臀部
D. 碰着或推着与你说话的人
E. 捏着自己的耳朵，或者摸着自己的下巴，或者整理自己的头发

4. 坐着休息时，你通常会

A. 两个膝盖并拢

B. 两条腿交叉

C. 两条腿伸直

D. 一条腿蜷在身下

5. 碰到让自己发笑的事时，你的反应是

A. 欣赏地大笑

B. 笑着，但声不大

C. 轻声咯咯地笑

D. 羞怯地微笑

6. 当你去参加聚会或者在社交场合时，你会

A. 很大声地入场以引起大家注意

B. 安静地入场，找你认识的人

C. 非常安静地入场，尽量让自己不被别人注意

7. 当你非常专心地工作时，有人打断了你，你会

A. 欢迎他

B. 感到非常恼怒

C. 在上述两个极端之间

8. 下列颜色中，你最喜欢哪一种颜色？

A. 红色或橙色

B. 黑色

C. 黄色或浅蓝色

D. 绿色

E. 深蓝色或紫色

F. 白色

G. 棕色或灰色

9. 临入睡的前几分钟，你在床上的姿势是

A. 仰卧，伸直

B. 俯卧，伸直

C. 侧卧，微蜷

D. 头枕在一只手臂上

E. 被子盖过头

10. 你经常梦到自己在

A. 从高处往下落

B. 打架或挣扎

C. 找东西或人

D. 飞或飘浮

E. 你平常不做梦

F. 你的梦都是愉快的

菲尔测试题得分标准：

1. A2　B4　C6

2. A6　B4　C7　D2　E1

3. A4　B2　C5　D7　E6

4. A4　B6　C2　D1

5. A6　B4　C3　D5

6. A6　B4　C2

7. A6　B2　C4

8. A6　B7　C5　D4　E3　F2　G1

9. A7　B6　C4　D2　E1

10. A4　B2　C3　D5　E6　F1

将所有分数相加后的结果分析：

低于 21 分：内向的悲观者

你是害羞、神经质、优柔寡断、永远要别人为你做决定、不想与任何事或任何人有关的人。

21~30 分：缺乏信心的挑剔者

你勤勉、刻苦、挑剔，是谨慎、十分小心的人，也是性子慢、稳健、辛勤工作的人。如果你做了冲动或无准备的事，会令别人大吃一惊。

31~40 分：以牙还牙的自我保护者

你是明智、谨慎、注重实效的人，也是伶俐、有天赋、有才干且谦虚的人。你对朋友非常忠诚，也要求朋友对你忠诚。要动摇你对朋友的信任很难，一旦这种信任被破坏，会很难恢复。

41~50 分：平衡的中道者

你是有活力、有魅力、好玩、讲求实际的人。你经常是群众注意的焦点，但你知道自律。你亲切、和蔼、体贴、宽容，是永远会使人高兴并乐于助人的人。

51~60 分：吸引人的冒险家

你是令人兴奋、高度活泼、非常易冲动的人，具有领袖潜质的你做决定会很快，虽然你的决定并不总是对。你是愿意尝试机会而且喜欢冒险的人。

60 分以上：傲慢的孤独者

你是自负的，以自我为中心，具有极端支配欲、控制欲的人。别人可能钦佩你，但不会永远相信你。

第四阶段：快速成交的秘诀

第 68 讲
罗杰·道森：对方要求让步，应该索要回报

观点直读

罗杰·道森：客户要你让步的时候，你应该索要一些回报。

"礼尚往来"策略的运用

罗杰·道森在销售中经常会用到一个策略：他认为，当对方要求你让步的时候，你应该索要一些回报。我们把这种策略叫作"礼尚往来"。

这种情况在销售或谈判中经常会遇到。

例如，你在销售叉车，你卖给一家五金店一大批叉车，他们要求你在他们开业前 30 天发货。业务经理打电话对你说："我们商店开业时间提前了 30 天，你们能不能提前发货？"

面对这种情况，你就应该考虑使用"礼尚往来"的策略了。尽管你知道他们要的货已经在你们的仓库里，随时可以发货。而且对你来说，早发货还可以早得到货款。

罗杰·道森认为，面对这种情况，你应该这样说："可以，但我得协调几个部门的关系，会麻烦一点。这样吧，你们今天先付一半的货款，我去向总经理汇报一下，他一高兴，一切都好办。"

你做了一些让步，他们也许会立即说："我会告诉出纳今天给你开支票。"或者他们会说："你们帮了我们这个忙，12 月我们在芝加哥开的分店也用你们的货。"

运用"礼尚往来"策略的意义

向客户索要一些回报会提升你让步的价值。当你提升让步的价值的时候，你以后就可以利用它继续"礼尚往来"了。

例如，下次客户提出要求时，你就可以说："您还记得上次要我们提前发货吗？您知道说服我们这儿的人更改发货日期有多难吗？我们为您做

了这么多，您也别让我们等货款。今天给我们支票，好吗？"

　　向客户索要一些回报可以阻止他们没完没了地向你提要求，这也是使用"礼尚往来"策略的好处。客户知道，每次对你提要求，你就会要求获得相应的回报，这样他们就不会总是提要求了。反之，你将面对的是他们的得寸进尺。

　　当然，需要注意的是你在向客户索要回报时要注意措辞，千万不能造成双方对立，否则可能会导致交易或谈判失败。例如，你把"如果我们给您做这些，您能为我们做些什么呢"改成"如果我们给您做这些，您也得给我们做……"，就表现出了对立情绪，很有可能会使谈判破裂。

如何应对客户使用"礼尚往来"策略

　　如果客户用这个策略对付你，你该怎么办呢？例如，你卖的产品比较紧俏，现在暂时缺一些货，因此对客户提出了相对合理的要求：请客户现在接收一半货，另一半周末运到。你知道，这不会带给买家太大的不便，但是他们可能会利用这一点向你要些回报。下面是三种可能的回答：

· 问他们想要什么，如果合理，就给他们。不要因为客户为难你，你就不高兴，就把小问题变成大问题。

· 告诉他们，你给他们的已经是最优惠的价格了。或者把决定权推给你的上级领导。

· 拒绝他们的要求，但做一些象征性的让步，让客户觉得自己赢了。

技巧学堂

如何应对客户讨价还价

　　利用以往以最高价成交的订单（或交货单）来诱导客户，让他们知道，他们买的价格比别人的低。这是比较简单的做法。

　　具体做法：

　　1. 在与客户谈判时，你可以打电话联系你的另一位"客户"（此时可由你的同事扮演该"客户"），给他报了较高的价格并当场确定了交货日期，此报价务必比你给在现场谈判的客户的报价高，让客户感觉到他们确实买到了比给别人的价格低的产品。

2.先准备一张假的成本价格表，在与客户谈判时，找借口离开谈判现场（如上厕所或接电话），然后把价格表放在现场（想办法让客户知道这是一张成本价格表），这时客户可能会趁你不在的时候偷看这张表。所以，你要把这张假的成本价格表上的成本做成与你的售价接近，不能相差太大。

第69讲
乔·吉拉德：敏锐地捕捉客户发出的成交信号

观点直读

乔·吉拉德：客户通常会在不同的沟通阶段发出不同的信号。你必须留心这些信号，切勿坐失良机，错过了邀请客户做出承诺的关键时刻。

通常，客户已经决定签单时，会在言语、表情或举止上不自觉地透露出一些信号，如果你没能及时发现并趁机请他们签单，往往会与成交的机会失之交臂。

经验丰富的销售员会密切地关注客户的言谈举止，及时、准确地识别客户发出的成交信号，从而抓住有利的时机成交。

要做到及时、准确地捕捉客户的成交信号，你必须认真观察，细心体会。

一般来说，客户发出的成交信号主要表现在以下几个方面：

面部表情信号

例如，如果客户的眼神集中在产品上，或者嘴角微翘、眼睛发亮、表情兴奋、眉头渐渐舒展等，这通常表明他们发现了自己喜欢、中意的产品。

语言信号

常言道,"言为心声。"客户的话语最容易暴露他们的意向。

· 客户由坚定的口吻转为商量的口吻时。如"这件衣服还可以再便宜一些吗?""能不能送货上门?",等等。

· 客户向你询问一些与产品有关的细节问题时。如询问产品的某些功能和操作方法,产品的折扣、售后服务等。

· 客户征求同伴的意见时。如"你们觉得如何?""怎么样?还可以吧?"很明显,他们已经认同了产品,只是在寻求认同感。

· 客户不断地褒奖其他品牌的同类产品时。他们这么做其实只是为自己接下来的讨价还价寻找理由。

· 有时,客户会对产品的性能提出质疑,或者对产品的某些细节表示不满意,等等。俗话说"嫌货才是买货人"。这往往是客户采用的"声东击西"战术。例如,一些女士平时买衣服的时候,明明心里相中了,嘴里却挑剔衣服的布料、颜色或一些无关紧要的瑕疵,其实也就是想讨个优惠价。

动作、姿态信号

动作是思想的延伸,姿态是心理的反映。

在你介绍产品时,如果客户不断地点头或听得很认真,或者仔细阅览你递给他们的产品说明书并频频发问,说明他们对这件产品很感兴趣。

在你向客户介绍产品时,如果客户的身体不断地向前倾,表情非常专注而认真,证明他们对这个产品很感兴趣且有这方面的需求。如果客户的身体后仰,或者双手抱胸、漫不经心,则表示他们对你的产品不感兴趣甚至很抗拒。

有时候,客户的双脚也可能会透露其真实的购买意愿。当某位客户说"你如果不优惠,那我就到别家去看看",说话时他的上身已经转过去了,但双脚还没挪动,说明客户只是在试探你能否优惠,这时候就要看谁撑得住了。

乔·吉拉德非常重视观察客户的动作并善于从客户的动作中发现成交信号。

例如,当他请客户试车时,就会密切地注意客户的反应。试完车之后,如果某位客户还坐在车里恋恋不舍,尽管他没有说"乔,我想买下这辆车",

但乔·吉拉德已经认定这个客户准备签单了。

成交的进程信号

如果你要求客户坐下来谈，客户能够非常痛快地答应，或者你在订单上填写相关的内容并做成交的准备工作时，对方没有明显的异议，表明客户已经决定购买了。

当然，由于环境、客户、产品以及洽谈方式等因素不同，客户发出的成交信号也会千差万别。这就要求你在实战中不断地总结经验，既要把握普遍规律，又能区分特殊状况，即时、准确地读懂客户"送出的秋波"，抓住时机，促成生意。

技巧学堂

常见的客户发出的成交信号

下面是客户发出成交信号时常见的表现，在沟通时要予以关注。

· 语言信号

1. 客户询问价格是多少，或者讨论价格的高低。
2. 对产品的特点发表看法。
3. 对你热情起来，称呼你的昵称，夸你很专业等。
4. 认真地听，同时配合着点头并发出附和之声。
5. 询问你是否也买了这款产品。
6. 询问有没有礼品赠送，能不能优惠。

· 动作信号

1. 客户突然变得轻松起来。
2. 身体前倾或后仰，双手或双臂不再紧抱。
3. 开始拿计算器计算价格。
4. 关掉电视机，或者招待你吃东西。
5. 动手触摸产品，或者一再凝视产品资料。
6. 思索式点头。

7. 身体朝向你或者靠近你。

8. 转向旁边的人问："你觉得怎么样？"

- 表情信号

1. 客户紧锁的双眉分开或上扬，显出深思的样子。

2. 神情活跃，表情变得开朗。

3. 很自然地微笑，态度更加友好。

4. 客户的眼神、面部表情变得很认真。

5. 表情由散漫变得严肃。

6. 眼睛盯着你，瞳孔稍微放大、放亮，嘴角附近的肌肉松弛。

捕捉到上述信号时，可以试探性地提出成交要求。如果你不注意这些细节，很容易与成功失之交臂。

第70讲
乔·吉拉德：即将成交时不要说节外生枝的话

观点直读

乔·吉拉德：毫无疑问，你可以说一些重要的细节，但在恰当的时机该成交就成交，切不可再说一些客户不感兴趣、毫无必要甚至节外生枝的话。

通常情况下，销售员需要费很多的口舌与客户沟通，才能签单。因此，大多数销售员的口才都不错，都特别健谈，唯恐话说不到位说服不了客户。

然而，乔·吉拉德认为，有时候话太多并不是好事，说多余的话很有可能会导致销售失败。

例如：

经过一番苦口婆心的说服后，客户终于拿起笔准备签单了。这时，你突然又想起产品的一些细节问题来，或许你是想向客户表现自己专业的一面。但客户可能就因为你的"节外生枝"延迟甚至放弃签单。

假如你在销售计算机，客户拿起笔准备签单，此时你对客户又讲了一通关于当前的计算机在技术上存在的一些缺陷以及将来的发展趋势等行话。客户不太懂计算机,但听到"缺陷"二字心里就不舒服。"哦,谢谢你,我再考虑考虑吧。"客户放下笔离开了。

你原本是想让客户更多地了解有关产品的一些信息,然而,由于你的多嘴,结果动摇了客户购买的决心。

本来是一番好意,竟坏了自己的生意,此时你的心里恐怕也是叫苦不迭。

乔·吉拉德认为,在推销时,你没必要展示自己所了解的所有产品知识。同样,在客户做购买决定前,你也没必要让客户成为相关的专家。

你过分地卖弄,不仅会削弱自己推销的效果,而且很容易失去订单。

很多客户不管是男的还是女的,往往没有兴趣了解齿轮转速、马力或催化转换器之类的东西。所以,你没有必要向每一位客户解释发动机的机罩下面的东西,否则很可能会起反作用。

当然,并不是说你不应该成为本行业的专家,而是说要根据不同的推销对象正确地判断和把握到底该对客户提供多少产品信息。例如,计算机销售员就应当对工程师和财政官员提及不同的推销侧重点。你必须正确地估计客户的需求,因人而异地做一些他们感兴趣的介绍。

毫无疑问,你可以说一些重要的细节,但在恰当的时机该成交就成交,切不可再说一些客户不感兴趣、毫无必要甚至节外生枝的话。

一般情况下,一旦客户决定购买,就要尽快让他们把单签了,把产品拿走。关键时刻画蛇添足,只会坏了生意。

技巧课堂

促成客户尽快签单需要注意的技巧

- 不要再向客户介绍其他型号的产品。
- 帮助客户缩小选择范围。
- 鼓励客户试用,消除其顾虑。

- 提供其他的成功案例，帮助客户进行比较，而且复述产品带给客户的益处。
- 适当地让步。

第71讲
乔·吉拉德：关键时刻帮助客户做决定

观点直读

乔·吉拉德：我提醒你，一定要时刻记着告诉客户，他们做了了不起的购买决定。有些销售员并不了解，帮助客户做决定是你自己的任务之一。

乔·吉拉德认为，你除了要告诉客户产品值得购买的理由以及为他们提供服务，还有很重要的任务要完成——帮助客户做正确的购买决定。这个任务也决定了你能否做出出色的业绩。

帮助客户做购买决定是你的职责

如果客户倚墙观望，无法做购买的决定，那就是你的失职，或者说你没有把工作做到位。

要想顺利地完成销售，你应该学会采用一切方式和方法促使客户做购买决定。

"我提醒你，一定要时刻记着告诉客户，他们做了了不起的购买决定。很多客户或多或少有一些神经质和猜疑心理，他们总会反复想是否买得不合适、不应该。所以，从销售员的角度看，他们的确需要帮助，你应当明白无误地告诉他们没有必要怀疑自己。"乔·吉拉德说，"例如，'苏姗，您做了很好的决定，我祝贺您！'"

有人可能会觉得乔·吉拉德的这种祝贺是出于对自身利益的考虑，也就是说这么做有点儿虚伪。

"是的。但是要做好销售就必须这么办。"乔·吉拉德并不否认，"我一如既往地对客户表示祝贺，而且没有哪一位客户对此抱怨过。我常常看到他们如释重负的样子，好像在说：'乔，我确实需要你帮我确认一下，因为我花了很多钱，我忍不住怀疑自己是否做错了。'"

给客户一些自信

乔·吉拉德认为，没有哪一位客户不喜欢被称赞，所以你不必犹豫，应该清楚地告诉他们，他们做出购买你的产品的决定是多么明智，因为人总是需要别人给予自己信心。

案例链接

在乔·吉拉德的儿子和女儿还小的时候，他曾经从一位销售员手中买了一套大百科全书。

乔·吉拉德至今还记得这位销售员说的话："你们的爸爸刚刚为你们买了世界上最好的礼物。等有一天你们也老了的时候，你们就会真心感激你们的爸爸。"

这位销售员让乔·吉拉德觉得自己的形象顿时高大了许多。

"真是个好人。"乔·吉拉德当时心里想。

直到他走出了门，才意识到自己花了很多钱。随后他就开始重新考虑刚才是否做了明智的决定。但是，当他回头看见孩子们的表情时，他知道这个世界上没有什么东西能让自己改变主意。

"那天晚上我得到了一条宝贵的经验，一条比读许多书都值钱的经验。"乔·吉拉德说。

一旦你把客户的形象树立得无比高大，客户就不大可能改变主意，或者因后悔而违约，因为他们无论如何都会设法保住面子。

杂志《芝加哥生活》的广告业务主管芭芭拉·森吉尔说："推销广告不同于推销别的产品，因为很难在短时间内让客户认识到他们能获得的利益到底有多大。所以，很多第一次合作的客户在成交后都会疑虑重重。在这个时候，我总是祝贺他们做了明智的决定。尽管我常常在推销之前就说过这句话，但我还是愿意在成交之后强调一次，以使新客户再次确信他们做了正确的决定,而他们往往也需要这种确认。为了达到这个目的,我不介意重复说几次曾经说过的话。"

几个需要注意的问题

在帮助客户做决定的时候,你必须注意几个问题,否则会影响预期的效果甚至会起反作用。

首先,要用你的情绪感染客户。你迟疑或果断的情绪都会从眼神、话语、肢体动作中暴露无遗,有时候可能表现得不十分明显,但客户还是会在潜意识里捕捉到这些信号。于是,客户也就犹豫起来了。如果你非常自信、果断地告诉客户,这正是他们需要的产品,给客户反馈的信息是他们应该立即做决策,这种果断的情绪同样会感染客户。这样他们才会消除心理障碍,尽早做购买的决定。

其次,在销售互动中,你要足够热情。在与客户沟通时,如果你说话很热情,客户就会觉得自己很受重视,从而更愿意接受你提的建议。

再次,你要知道,促成一笔交易不但是你的任务,也是你对客户的责任。所以,你要站在客户的角度真诚地给出正确的建议。

题外链接

驱使人们购买的七个影响力

礼尚往来。这是对人的潜意识最有效果的影响力。当你对客户的要求做出让步时,他们就会感到对你有所亏欠,这样就会提高交易的可能性。

承诺与惯性。先努力跟客户来往,建立起亲密的友谊和信任关系,再依照承诺扩大优惠度,使客户转变态度,向你购买。

社会认同。人类具有强烈的社会性,所以,当别人都在使用某个产品时,我们也会不自觉地购买。

喜爱与友谊。我们喜欢的人或喜欢我们的人对购买的决定也有比较大的影响力。

权威影响。因为社会的形成有赖于社会权威的建立,所以人们往往会受权威表象的影响。

稀有紧缺。当一款产品产量减少或变得稀有时，其价格往往会立即上涨。客户会开始紧张，唯恐自己买不到。

对比。在介绍产品时，首先介绍最昂贵的。当客户说"太贵了"时，你再带他们看看比较便宜的产品。通常比较便宜的产品总是更受欢迎。

第72讲
乔·吉拉德：先让客户把产品带走再谈成交

观点直读

乔·吉拉德：如果由于时间或手续的原因客户想放弃成交，或者不愿意预付大额订金，我会努力让他们先把准备买的车开走。

很多时候，当销售接近尾声的时候，由于客户时间紧张、没有足够的现金或下不了决心等，往往会放弃交易。本来有希望到手的订单也飞了。面对这种情况，一些销售员只能无奈地摇摇头，眼睁睁地看着客户遗憾地离去。

但是，乔·吉拉德的做法与众不同。在生意即将成交的时候，如果客户还没有下定决心购买，乔·吉拉德通常会很爽快地对客户说："您先付100美元订金，就可以立即把这辆车开走。"

这就是乔·吉拉德的销售秘诀之一——"现场交付"，即让客户先拿走他们想买的产品。

乔·吉拉德解释说："如果他们没有购买的意思，就必须说明原因；如果他们的确有购买的打算，他们就只有拿出钱包。也许你认为这样做有点儿冒险，但就我的经验来讲，这是让客户无法改变主意的绝佳方法，没有比这个方法更有效的了。"

有的销售员认为，即便这样做，客户也不一定会买，他们开一圈就会把车送回来。但乔·吉拉德胸有成竹，因为他已经掌握了客户的心理。

"尽管客户没有付款，也没有办理所有的手续，但当他们开着汽车回家后，自然便以汽车所有者的姿态在他们的妻子、邻居或同事面前展示，大家都知道他们已经买了新车。"

"换个角度来说，我将汽车钥匙交给他们，让他们开好几英里的路程回家，在交易尚未完成之前，他们或许会连开两三天，而这个时候他们真会认为我是好意让他们开走新车吗？他们会开着仍不属于自己的汽车跑了100英里或150英里，却丝毫不觉得对我有任何义务吗？

"说得更明白些，他们总不至于开着实际上仍不属于自己的汽车，到其他经销商那儿去买更便宜的汽车吧！"

事实上，这个方法乔·吉拉德屡试不爽。把它用在其他产品的销售上效果也很好。

案例链接

乔·吉拉德的一位从事电视机修理的朋友跟他讲了一件事。

有一回，一个客户送来一台黑白电视机请他修理。

"出了什么问题呢？"

"画面不清晰。"

"在修理电视机的这段时间，我可以拿一台电视机给你，让你的家人能有电视看。"他大概看了一下那台旧电视机，然后对客户说。

这台需要修理的旧黑白电视机可能只值20美元，但他让客户抱走了一台价值500美元的彩色电视机。

当旧电视机修好之后，客户主动向他提出要将黑白电视机折价换成彩色电视机。因为在大约两个星期的修理时间内，他的家人已经喜欢上那台彩色电视机了。

也许有人会说："如果那个人是个骗子怎么办？"有这样的顾虑很正常，但如果你的准备工作做得足够好，大可不必为此担心。所谓的准备工作就是之前你就已经尽可能详细地搜集和了解了该客户的资料——包括对他家的房子是租的还是买的都了如指掌。

主题游戏

盲人走路

游戏方法：两个人一组（如A和B），A先闭上眼将手交给B，B可以虚构任何地形或路线并口述注意事项指引A前行。

如：向前走……迈台阶……跨东西……向左拐或向右拐……然后交换角色，B闭眼，A指引B。

分析：

1. 通过体验，让队员体会信任与被信任的感觉。

2. 作为被指引的一方，应完全信赖对方，大胆地遵照对方的指引行事；而作为引导者，应该对伙伴的安全负起全部责任，保证发出的任何指令均正确、清楚。万一指令有错，信任很难重建。

【阶段测试】把握签单机会的能力的测试

通常情况下，在销售洽谈的后期，客户如果认可了产品，会下意识地透露准备签单的意向。这个时候，你要及时把握机会，迅速促成交易。通过以下测试题来检测一下你在这个环节的表现吧！

1. 你是怎样了解客户是否对产品产生了购买意向的呢？
A. 通过捕捉客户的语言和非语言信号
B. 听到客户明确地说"我要买"
C. 直接询问客户"买不买"

2. 你能够及时发现客户的购买意向吗？
A. 可以
B. 有时能隐约感觉到
C. 很难发现

3. 你在销售时是不是特别希望客户尽快签单呢?

A. 不是,只希望能满足客户的需求

B. 对啰唆的客户比较着急

C. 希望赶紧下单,这样就万事大吉了

4. 当客户犹豫不决时,你会催促客户吗?

A. 不会,让客户自己做主

B. 会想办法给客户施加压力

C. 反复劝他购买

5. 如果客户在下单前又提出新的问题,你会怎么做呢?

A. 询问原因,及时解答

B. 不太耐烦,勉强应对

C. 埋怨客户没有认真听讲

6. 你了解成交技巧吗?

A. 基本了解

B. 不太了解

C. 没什么技巧

7. 客户签单了,你会非常激动吗?

A. 保持平常心

B. 有时会很激动

C. 每次都特别激动

8. 如果客户最终拒绝成交,你会埋怨他们吗?

A. 不会

B. 有时会

C. 经常会

9.如果销售不成功,你会有失败的感觉吗?
A.不会,因为还有下一次
B.有时会
C.经常有这种感觉

10.如果客户这次没有购买,你会把他们当成潜在的客户,想办法为下一次交易打下基础吗?
A.能
B.偶尔能
C.从未考虑过

评分标准:
A.5分;B.3分;C.0分

结果分析:

- 超过45分:说明你促成交易的能力非常强,请继续努力。
- 30~45分:说明你在促成交易方面还存在某些问题,请自查弥补。
- 30分以下:说明你促成交易的能力很弱,需要通过参加培训或自学尽快提升。

第五阶段
成交后，下一次销售才刚开始

第73讲
博恩·崔西：成交之后，客户就是你的资源

观点直读

博恩·崔西：成交后，你要不时地询问客户使用产品的效果，还需要什么服务以及是否满意产品，这样他们才会认为你是真正在关注他，那么他们也会在下次购买产品时首先想到你。

很多销售员认为，把产品卖出去就万事大吉了。然后他们会重新寻找新客户，开始新的征程。所以，在他们的客户名单中，客户的名字永远都在更换。

这就是人们常说的"一锤子买卖"，是得不偿失的行为。

博恩·崔西认为，既要开发更多的新客户，也要确保老客户不流失。能否确保老客户不流失，则取决于成交后的行为。不仅要做成生意，而且要与客户建立长期的关系。

博恩·崔西的经验是在每次成交之后及时给客户发一封感谢信，向客户确认收货日期并感谢他们订货；询问客户使用产品的体验；在客户过生日时，寄一张生日贺卡；当产品功能升级时，及时通知客户给产品升级；在产品的保修期满之前，通知客户带着产品做最后一次检查；外出推销时前去拜访买过产品的客户等。

客户购买你的产品的同时也购买了你提供的服务。在客户购买产品之前，你要给客户提供满意的服务；在把产品卖给客户之后，你还得继续为客户服务。这有助于你与客户建立长期的关系。

任何销售都是持续服务的过程，只有起点，没有终点。

你忘记客户，客户也会忘记你。在成交之后要不断地关心客户，永远不要做"一锤子买卖"。

第五阶段：成交后，下一次销售才刚开始

案例链接

乔·吉拉德十分推崇与客户建立长期的关系，他总是希望客户在成交之后不要忘了他，所以他制订了一项写信计划。曾有人开玩笑说："当你从乔手中买下一辆汽车后，你必须出国才有可能摆脱他。"

乔·吉拉德每个月都要给他的所有客户寄一封信，这些信都装在普通的信封里，信封的颜色和大小经常变化，这样就没有人知道里面是什么内容。吉拉德还留心不让这些信看起来像是邮寄的广告宣传品，以避免还未拆开就被客户扔进垃圾桶。

他还会随信附上一张卡片，卡片的封面上一律写上"我爱你"，但是在卡片的里面，每月都换新内容。他从来不在每月的1日和15日寄这些信，因为这两天正是大多数人必须缴纳各种日常费用的日子，他希望他的客户收到信时能有好心情。

乔·吉拉德每年都以非常愉快的方式让他的名字在客户家中出现至少12次。在他的销售生涯后期，每月要寄出14000张卡片，也就是说每年要寄出168000张卡片。

这些信件极大地保证了吉拉德的业绩——吉拉德每年交易的65%都来自于这些再度合作的老客户。

对于每个销售员而言，是否善于笼络客户，决定着事业的成败。

所以，成交并非是销售的结束，而是下一次交易的开始。时刻牢记"永远不要忘记客户，永远不要被客户忘记"这条颠扑不破的真理。

技巧学堂

销售短信跟单法则

1.善用工具（手机、固定电话、公司建立的电脑短信平台等）。
2.群发，分类发送，重要短信亲自编辑发送，转发短信要改写。
3.要因时、因地、因人发，还要有针对性地发，特殊日子要提前一天发。
4.用心：个性化、生动化、差异化，让客户一次就记住你。
5.感性地写、理性地发，要在24小时内为新朋友发出信息。
6.备用短信：a.成长激励的短信20条；b.祝福祈祷的短信20条；c.客服售后的短信10条。

第74讲
汤姆·霍普金斯：人人都可以成为你的客户

观点直读

汤姆·霍普金斯：你见到的每一个人都有可能成为你的客户，你要争取他们。销售就是不断地去找更多的人并把产品卖给你找的人。

汤姆·霍普金斯之所以能成为美国排名第一的销售训练大师，就在于他能够把每一个人都当成潜在的客户。在汤姆·霍普金斯看来，人人都是自己的客户。

他的秘诀很简单，就是每天给客户寄出10封感谢函。他说："我每寄出100封感谢函，就能做成10笔生意。也就是说，每100名客户中就会有10位因对你有好感而成为你的忠诚客户。"他这样不停地给客户寄感谢函，最终赢得了更多人的好感，也就有了源源不断的客户。

对刚刚进入销售行业的人来说，面临的最大、最头疼的问题是到哪里去找客户，该把感谢函寄给谁。

陌生人

通过各种渠道包括黄页、名录、广告、网页、出版物等搜集基本符合推销条件的对象及其联系方式，然后给他们发短信、邮件或信函。这种方式有点儿撞运气的成分，虽然效果有限，但对于初做销售的人来说值得一试。

你的亲戚或朋友

每个人都会有一群朋友、同学、家人或亲戚。很多人忽略了这个重要资源。当然，不一定要你把产品销售给他们，而是通过他们去发掘藏在他们背后的那些潜在客户。

你只需让他们每个人知道你在做什么就可以了。他们一般会帮你，也愿意帮你。他们会成为你的产品的义务推介人。

卖给你产品的人

日常生活中,我们会时不时地购买一些吃的、穿的、用的东西。从现在起,在结账时别忘了向店主要一张名片,他们也是潜在的客户。

客户的客户或朋友

将产品销售给客户之后,要顺便问一句:"您的朋友也许也需要这件产品,您能帮忙联系或推荐一下吗?"这样做也许会收获意外的惊喜。

你的同行

在你每天接触的人中,有很多是像你一样的销售员。只要他们不是你的直接竞争对手,一般都可以结交。在他们拜访客户的时候,很有可能会把你推荐给他们的客户。

协会、俱乐部等行业组织

你不但要考虑自己在生活或生意中认识的人,还要考虑协会、俱乐部等行业组织背后的庞大的人群,他们都是你的潜在客户。

当然,除了以上这些,如果你足够用心,一定还会找到发掘客户的其他方法。

有了目标,那就立即行动吧。当然,做这件事看起来很简单,但必须持之以恒。坚持下去,总会有回报。

观点图解

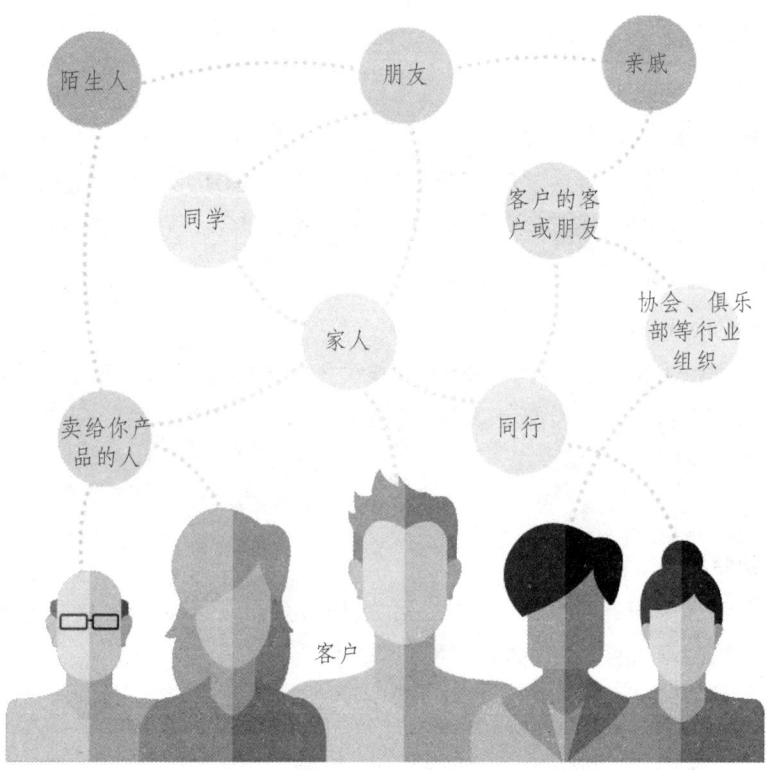

第75讲
乔·吉拉德：不要得罪任何一位客户

观点直读

乔·吉拉德：你只要赶走一个客户，就等于赶走了250个客户。

乔·吉拉德认为，在任何情况下，你都不能得罪任何一个客户。
他的这个结论来自他自己总结的"250定律"。

"250定律"

有一次，乔·吉拉德偶然从朋友那儿得到了一些有趣的数据：每个人的婚礼或葬礼都会有差不多250个人参加。这些人包括与他们关系比较亲近的同事、邻居、亲戚和朋友等。

由此，乔·吉拉德联想到一个重要的问题，那就是在每位客户的背后大约站着250个人。如果你卖东西给某个人，而他并不满意，他就会告诉别人，然后很快就会有250个人知道了这件事。

在这250个人中，每个人的背后同样有250个人。这些人就像一块块多米诺骨牌，只要碰倒其中的一块，就会出现连锁反应，其他所有的骨牌都会倒下。

如此推算下去，涉及的人数将庞大到根本不可能计算出来。

这就是乔·吉拉德的"250定律"。

"250定律"在销售中的意义

乔·吉拉德一直都将"250定律"牢记在心，时刻控制自己的情绪，不因客户刁难，或者不喜欢对方，或者自己心情不佳等原因怠慢客户。

他说："如果我每周接待50个人，只要其中的两个人对我的服务不满意，那么到年底就会有5000个人不来买我的车。如果按我从事汽车销售的时间——15年来计算，不会买我车的人都能够坐满一个大型体育场了。"

当然，任何事情都有两面性。如果换个角度，从正面、积极的角度想，让每一个客户都满意而归，那么他们每个人背后的 250 个人都有可能成为你的客户。然后，这 250 人的背后……

这样的业绩将多么可观！

销售离不开客户群。客户群越广，你成功的机会就越多，业绩就会越好。

所以，你要用这种积极的方式对待自己接触到的每一个人，把他及他身后的 250 个人都吸引过来。那样，将会有 250 双手帮你创造奇迹，250 张嘴为你宣传。

"250 定律"让乔·吉拉德取得了辉煌的成就。同样，它也会帮助你创造奇迹。

第 76 讲
雷蒙·A.施莱辛斯基：让客户帮助你去销售

观点直读

雷蒙·A.施莱辛斯基：让那些曾经到你那里买过东西的客户帮你销售。

弗兰克·贝特格：如果你的服务让客户满意了，客户也会为你服务。

合格的销售员会把产品卖给有需求的客户；出色的销售员会把产品卖给任何人；金牌销售员会让客户帮自己销售。

雷蒙的妙主意

雷蒙·A.施莱辛斯基在刚开始踏上销售之路的时候，不知道该怎样向那些从未听说过这个牌子的产品的人推销。后来，雷蒙想到了一个绝妙的主意——让客户为他推销。事后证明，他的这种做法在当时是完全正确的，因为他正是通过为数不多的客户打开了销售的局面。

案例连接

有一天,雷蒙找到和自己关系很不错的老客户杰克,让杰克帮自己推销。杰克爽快地答应了。杰克向自己的同事和邻居大力推荐了雷蒙销售的饮水机,并把自己用过之后的感受告诉他们。

没过几天,杰克的同事和邻居中就有人买了雷蒙销售的饮水机。他们用过之后都说他卖的饮水机质量很好,价格也便宜,性价比很高,也开始向他们周围的人推荐。

从此,雷蒙的销售业绩迅速攀升。

销售就像打台球,决定输赢的不是你能否击中球,而是你能否在击中一个球的同时还能为击中下一个球做好准备。

弗兰克·贝特格的卡片

弗兰克·贝特格也深谙此道。他说:"老客户是你的新生意的最佳来源。"为了让客户把自己介绍给他们的同事和朋友,他采取的办法是制作一些跟名片大小差不多的卡片,然后把卡片发给客户,让他们把认识的人的名字写在卡片上,并让客户在卡片下面签上自己的名字。这样,贝特格就可以通过这些卡片去约见那些客户了。这个方法非常奏效。通常他拜访的那些客户都不会拒绝他,而且很多人还成了他的老客户。

乔·甘道夫:"我需要您的帮助。"

美国销售大师乔·甘道夫使用的方法更巧妙。"我会向客户说:'我需要您的帮助,当你诚心诚意地向别人求助时,没有人会说不。'"

"你需要什么帮助?"

"我请您给我您的三个朋友的名字。"

在获得这三个人的名字之后,甘道夫会向客户了解他的朋友的年龄、经济状况,然后在离开之前对客户说:"您会在下周前与他们见面吗?如果会,您愿不愿意向他们提起我的名字呢?或者说,您是否介意我提到您的名字呢?我会用我与您接触的方式与他们接触。"

甘道夫用一句"我需要您的帮助"的确找到了很多新客户。

乔·吉拉德的"猎犬计划"

乔·吉拉德是把这种方式运用到极致的销售大师。他把这种方式叫作"猎犬计划"。他的许多生意都是由"猎犬"（那些曾经到他那里买东西的客户）帮助才成功的。

每当生意成交后，乔·吉拉德总是把一沓名片和"猎犬计划"的说明书交给客户。说明书告诉客户，如果他们介绍别人来买车，成交每辆车之后，他们每个人会获得 25 美元的酬劳。几天之后，吉拉德还会寄给客户一张感谢卡和一沓名片，之后他每年都会寄给该客户一封附有"猎犬计划"的信，提醒客户他的承诺依然有效。

如果乔·吉拉德发现客户是一位领导者，他会更加努力地促成交易并设法让其成为"猎犬"。例如，一家工厂的工会主席要从乔·吉拉德这儿买车，他就会给对方最低价。客户在他这儿得到了实惠，为了表示感激，往往就会介绍更多的人来买他的车。当然，客户的权威和影响力起了很大的作用。

实施"猎犬计划"的关键是守信用。吉拉德做事的原则是：一定要付给客户 25 美元，而且宁可错付给 50 个人，也不漏掉一个该付的人。"猎犬计划"使他获得了很大的收益。1976 年，"猎犬计划"带给了吉拉德 150 笔生意。吉拉德只向"猎犬"支付了 1400 的美元费用，却收获了 75000 美元的佣金。

让客户主动为你介绍新客户，凭的是什么？凭的就是你的执着和对客户的真诚，凭的是你一切为客户着想的态度，只有让客户感动，他们才会心甘情愿地为你推销产品。

换句话说，要想获得更多的客户，就要先被已有客户或生意介绍人认可，这样才能树立口碑，成为他人推崇的对象，让客户或"猎犬"成为你的宣传员。

工具分享

老客户推荐新客户确认单

编号：

老客户的姓名		身份证号	
购买的产品		购买的时间	
联系电话			
新客户姓名		身份证号	
认购的产品		认购的时间	
联系电话			
销售顾问			
销售经理			

老客户奖励登记表

老客户的姓名	新客户的姓名	购买的产品	购买的时间	确认单号	奖品	领取人签字	领取的时间

新客户优惠登记表

老客户的姓名	新客户的姓名	购买的产品	购买的时间	确认单号	优惠额	客户签字

第77讲
杰·亚伯拉罕：将已停止向客户推销的活动重新启动

观点直读

杰·亚伯拉罕：只要你将已经停止向客户推销的活动重新启动，立即就会增加很多的客户。这是增加客户的最简单的办法，但是很少有人去做。

客户数往往决定着你的销售业绩。因此，每个销售员都会想方设法、竭尽所能挖掘客户。

杰·亚伯拉罕指出，大多数销售员忽略了一个增加客户的最简单的办法——将已经停止向客户推销的活动重新启动。

不管你是从事哪一行的销售，都会有一定程度的客户损耗。但是，你可以想办法尽量将这个损失降至最低。杰·亚伯拉罕为我们算了一笔账：如果你一年损失20%的客户，就必须很努力地增加30%的客户，才能有10%的业绩增长。如果你能将"失联"的客户重新找回来，想办法留住他们，那么，即使你停止招揽新客户，订单量依然会增加。如果你是依靠1000名客户起家，一年流失20%的客户，就等于一年流失200名客户，如果将损失率折半，等于一年增加100名新客户。在十年中，仅仅靠将损失率减半，客户基数就会加倍增长，这是值得好好思考的做法。什么别做，只要降低一半的损失率，每十年你的业绩就可以增长一倍多。

找到客户流失的原因

你首先要做的是计算自己的客户的损失率，找出不再和你有生意往来的那些客户，然后找出客户不再和你及你的公司做生意的原因。

杰·亚伯拉罕说，一般而言，客户流失的原因有三个：

第一，客户遇到了一些和你的生意完全无关的事情，因此暂时停止跟你往来。客户有意重启跟你的交往，但始终没有机会采取行动恢复往来。

几乎每个人都是这样，"眼不见，心不念。"一旦你和某家公司或某位专业人士的经常性互动中止一段时间，不管他以前给你提供了多好的产品及服务，你都可能会无情地将其遗忘。我和我的太太曾经每周都去拜访一位营养师，我们都很喜爱这个活动，但有一次因亲戚来访三周中断后，我们就再也没去过了。我的确很想再去拜访这位营养师，但叫我一个人去我却不愿意。如果营养师主动和我联络，不管她是亲自登门拜访还是打电话，甚至是只留一句话，我都会立即去。

杰·亚伯拉罕认为，大部分"失联"的客户都是这种有意恢复关系但是记性太差的人，只要你找一个合适的理由，就会让他们与你重新建立交易关系。

第二，在上一次与你的交易中，曾经出现了问题或不愉快，但他并不愿意告诉你，只是默默地停止与你的生意往来。

解决这个问题的最好方法是在一开始就不要损失客户。虽然你因发生某些不愉快的事而失去了某位客户，但并不是永远失去他。事实上，有许多和这些客户重新搭起桥梁、重新联络的好机会。

第三，情况有所改变，客户再也无法从你的产品或服务中获得利益。如果客户是由于这个原因而停止上门，只要你和他重新联络并表达问候之意就好了。如果他告诉你，他不能再使用你的产品或服务，你就可以要求他将自己推介给能从你这里获益的其他朋友、家人及同事。他通常很愿意这么做。

客户停止和你做生意的原因很多，但重要的是在你认识到80%的"失联"客户可以挽回时，就要立即采取行动，尽力争取让他们回头。当他们真正回头时，他们可能会变成你最好、最忠诚、最常上门光顾的客户。

倾听"失联"的客户给你的反馈

在找回"失联"的客户的过程中，他们会明确地告诉你，他们对你、你的公司、你或你的同事提供的产品和服务的感受；他们会告诉你，该如何改进你的服务以提高客户满意度；他们也会告诉你，他们从你这里得到的好处是什么。当然，你得到的反馈有可能比这些更多。这些都可以帮助你改善生意。

确定先联络谁

你首先要找出所有"失联"的客户,然后将这些人的名字、地址、电话号码等按照时间顺序及成交次数一一排列。换句话说,挑出以前向你购买产品或服务最多或者经常向你购买产品或服务的那些客户。

如果你有时间且时机也合适,最好亲自上门拜访。如果条件不允许,你可以用电话跟他们接触。如果这样还不行,就以信件联络。

如何行动

制订一项计划,尽可能定期与现有的客户亲密地沟通,这可以避免在商业往来中打扰对方,或者形成竞争关系,而使双方产生误会。

当你和这些"失联"的客户接触时,你必须在下列三件事中至少选择一件去做:

有许多客户并不是故意停止和你做生意,他们可能很快就会再向你购买产品并且将你推介给他人。为了弥补自己以前的失误,你必须给他们提供一些"欢迎重新回到怀抱"的特殊奖品或报偿。

对于在交易过程中曾发生过不愉快的事,从而对你和你的公司不满的那些"失联"的客户,要对症下药。例如,给他们免费提供一些特别的服务或产品,以表达尊敬和感谢,承诺在以后的交易中提供更优惠的条件,或者请他们吃饭,送他们电影票等。

当你和因无法再从你的产品或服务中获利而"失联"的客户重新联络时,不要因为他们没有多少价值而弃之不顾,要对他们过去的光顾及忠诚表示感激,最后再礼貌地请他们推介自己的产品或服务。如果你是真心表达自己的感激之情,他们一般会乐意协助你。

真诚是重新争取到"失联"的客户的法宝

让"失联"的客户重新和你来往,你要表现出诚意来。

你要带着真诚去那些"失联"已久的老客户公司或家里拜访,或者给他们打电话、写信。

对上述第一种原因造成"失联"的客户,首先你要告诉他们事实真相——

告诉他们,你察觉到他们有好一阵子没向你购买产品或服务了,因此你感觉不对劲。在进行这样的沟通时,你必须表示出自己是真正地关怀他们的利益。

对第二种原因造成"失联"的客户,你要真诚地向他们表达对双方失去互动和交易的遗憾,然后更真诚地询问他们:"我们是不是做错了什么?我们的哪些失误让您不舒服?如果有失误,保证绝对不是故意的。"你谈话的焦点应放在关心他们的切身利益上,最好能找到导致他们停止购买的原因并且立即弥补。

对第三种原因造成"失联"的客户,要找出他们周围环境的变化。如果是向好的方向发展,你就要真诚地向他们道贺。如果情况变得糟糕,要表达真切的关怀。这才是获得他们推介的诀窍。

题外链接

下面是美国一家研究机构为白宫消费者事务办公室提供的研究数据,主题和不快乐的客户有关,结果十分有趣:

- 当受到不合礼节或粗暴的待遇时,96% 的客户不会投诉。
- 在接受不满意的服务后,90% 的客户不会再到那家店购物。
- 更糟的是这些不快乐的客户会将他们的经验至少告诉 9 个人,有 13% 的人会将这些资讯传播给 20 个人以上。
- 在正式提出投诉后,如果投诉的问题得以解决,有 70% 的客户愿意继续和这家商店交易。如果客户觉得商家解决这个问题的速度很快,这个比例还可提升到 95%。
- 68% 的客户会因为商家的漠不关心而不再和他有生意往来。在客户的眼中,一件负面的事至少需要 20 件正面的事相抵。

告诉他们，你察觉到他们有好一阵子没向你购买产品或服务了，因此你感觉不对劲。在进行这样的沟通时，你必须表示出自己是真正地关怀他们的利益。

对第二种原因造成"失联"的客户，你要真诚地向他们表达对双方失去互动和交易的遗憾，然后更真诚地询问他们："我们是不是做错了什么？我们的哪些失误让您不舒服？如果有失误，保证绝对不是故意的。"你谈话的焦点应放在关心他们的切身利益上，最好能找到导致他们停止购买的原因并且立即弥补。

对第三种原因造成"失联"的客户，要找出他们周围环境的变化。如果是向好的方向发展，你就要真诚地向他们道贺。如果情况变得糟糕，要表达真切的关怀。这才是获得他们推介的诀窍。

题外链接

下面是美国一家研究机构为白宫消费者事务办公室提供的研究数据，主题和不快乐的客户有关，结果十分有趣：

- 当受到不合礼节或粗暴的待遇时，96%的客户不会投诉。
- 在接受不满意的服务后，90%的客户不会再到那家店购物。
- 更糟的是这些不快乐的客户会将他们的经验至少告诉9个人，有13%的人会将这些资讯传播给20个人以上。
- 在正式提出投诉后，如果投诉的问题得以解决，有70%的客户愿意继续和这家商店交易。如果客户觉得商家解决这个问题的速度很快，这个比例还可提升到95%。
- 68%的客户会因为商家的漠不关心而不再和他有生意往来。在客户的眼中，一件负面的事至少需要20件正面的事相抵。

第78讲
杰·亚伯拉罕：为产品和服务"加码"

观点直读

杰·亚伯拉罕：完成一笔交易是再多做一笔生意的大好时机。如果你行事正确，能提供真正有价值的产品和服务，60%的客户会欣然增加交易量。

乔·吉拉德：每当客户同意以最低价购买某种型号的车之后，我就会趁此机会再提出一些其他方案供他们选择，以期增加我的佣金。

杰·亚伯拉罕认为，客户向你购买产品或服务，其真正的目的是"购买结果"，即购买这些产品和服务带给他们的方便、安全、愉悦、经济、成就或自尊感。

例如，有些人买照相机是为了获得能够定格快乐时光、拍出美丽的照片的乐趣；买牙膏为的是让自己保持牙齿干净、健康，拥有更灿烂、明亮的笑容。

如果你明白这个道理，那么在每一次交易中都可以再多增加些相关的产品及服务，帮助客户达到他们想要的最方便、实用的"购买结果"。你这样做，客户通常不会反对，甚至会对办事"周到"的你心怀感激。

这就是杰·亚伯拉罕所谓的为产品和服务"加码"的策略。简而言之，就是要为客户提供更多的价值，带给客户更大的满意度，以创造更多的生意机会。

当然，能够顺利地运用这个策略的前提是客户信任你。为产品和服务"加码"的策略大致可以分为以下三种方式：

增加产品和服务

提供机会，让客户除向你购买基本产品外，再增购相关产品。

这种销售方式在汽车交易中比较常见。汽车经销商除了卖汽车，往往还提供机会让客户买汽车音响、天窗、导航仪等基本配置之外的设备。

第五阶段：成交后，下一次销售才刚开始

消费者在买了一台车后，很可能会跟进采购其他的设备。如果客户无法在和汽车经销商的首次交易中取得这些附加产品，往往就得花费时间和精力以较昂贵的价格购买这些琐碎的配套设备和服务。而这种一站式服务，不但省时、省力，双方也会因此而受益。不但客户可以获得比较实惠的利益，汽车经销商也能从这些加码卖出去的产品中获得利润，有时候获得的利润可能比卖车还多。

案例链接

一次，乔·吉拉德在商场选了一条价值20美元的领带。

"先生，这条领带质量很不错。不过，您打算穿什么样的西服来配这条领带呢？"当他正准备付款时，销售员问他。

"我有一套灰色的西服。"乔·吉拉德说。

"我们这里有几条非常精致的领带正好能配您的灰色西服。"这名销售员一边说一边抽出了两条标价为25美元的领带。

乔·吉拉德也觉得不错，就收下了这两条领带。

之后，这名销售员又拿出几件与这几条领带相配的衬衣，一边问乔·吉拉德的尺码，一边打开包装让他试穿。

"先生，您感受一下衬衫的质地，是不是很棒？"

"是的。不过……好吧，我本来也打算买两件衬衫。"

最终，乔·吉拉德买走了两条领带、两件衬衫。

这名销售员把20美元的交易变成了200美元的交易。

"对于他的推销，我没有提出任何异议，而且我是心满意足地离开了商场。因为他确实让我买到了称心如意的产品，这也难怪这家商场会获得令同行叹为观止的成交量。"乔·吉拉德说。

可见，这样的推销的确有令人无法抗拒的魅力，就连销售大师都无法拒绝。

此后，乔·吉拉德在做汽车销售时也学着这个销售员的做法，尽量争取附加订单。

"每当客户同意以最低的价购买某种型号的车之后，我就会趁此机会再提出一些其他的方案供他们选择，以期增加我的佣金。大多数时候，我都能把一辆配置简单甚至系统不太完善的车转化为一笔大额交易。坦白地说，这么多年里，我曾无数次将小额生意转化成了大额交易，而且我敢肯定，其他行业的销售员也对我不止一次地运用了这样的技巧，这真是太有趣了。"

运用这种技巧，乔·吉拉德每天都能多做成几笔生意，客户不但不会生气，还会对他提供了周到的服务而表示感谢。

增加购买数量或延长服务时间

你要帮助客户增加购买产品的数量，或者让他们延长享受你提供的某项服务的时间。

当客户有采购意向时，要让他们尽量去买他们想买的产品。你会发现，客户可以有各种理由购买大宗产品：由于产品价格比较低，有些人只是想占便宜；有些人只是为了换季储备而采购；还有些人只是喜欢买很多产品堆积起来，以应对通货膨胀造成的物价上涨。

你要记住的是只要给客户提供一个充分的理由，再加上各种数量上的选择，你的生意就会很红火。客户在第一次和你做生意后，就会长期和你做下去。

案例链接

杰·亚伯拉罕第一次发现提供不同数量的产品供客户选择的奥妙时，正在一家商业类杂志社工作。当时他仅向客户提供订阅期为一年、没有其他选择的方案。

杂志的发行人告诉他："错！"然后，他建议杰·亚伯拉罕向客户提供两种订阅方案。第一种方案：只向客户提供为期一年的订阅，其他什么都没有。第二种方案：提供一年期55美元、两年期95美元、三年期120美元三种选择。

在第一种订阅方案中，由于大家都没有其他选择，平均消费额度为55美元。

第二种订阅方案中,由于杰·亚伯拉罕向客户提供了三种不同的选择且更加优惠,使得三分之二的客户选择了年限较长的订阅方案。

从结果来说,在第二种订阅方案中,杰·亚伯拉罕从每名客户身上获得的平均利润比第一种方案多一倍。

增加组合

让客户一次性购买更多的产品及服务组合,你也能获得较高的利润。

现在我们来讨论能带给你更多商机及利润的第三种技巧——你可以协助客户挑选能满足他们需求的最佳组合。

具体做法是将你的所有产品包装在一起,然后让客户"照单全收"。记住,这并不是强买强卖,我们是在协助客户获得最实用、方便的"购买结果"。最终的结果是不但客户会感谢你,你也会因此大赚一笔钱。

麦当劳就深谙此道。相信很多人有过去麦当劳用餐的经历。在你点了一份鸡翅后,会听到餐厅工作人员说这样一句话:"还需要什么,汉堡还是可乐?"过去客户在排队时,可能是先叫一份汉堡,然后再加一份可乐或别的东西。后来,麦当劳了解到:客户并不仅仅是想要一份汉堡或可乐,他们更需要完整的套餐。所以,现在你可以在麦当劳点他们的套餐,包括比较大的汉堡、薯条及饮料等,如果你再加一些钱,还可以将普通套餐换成超级套餐。

对话大师

"加码"销售策略

杰·亚伯拉罕

1.将你能提供给客户的所有产品和服务列成表,找出客户一起使用或循序渐进地使用时可以产生更大效果的产品和服务,试试各种不同的组合、包装,然后向客户销售。

2.将所有产品和服务的生命周期列出来,找出所有销售这些产品和服务的公司,与他们达成分销、全部购买或大宗购买的交易,再把这些加到你给客户销售的产品的内容上。

3.想想客户在向你购买产品和服务后,是否有任何合理的附加服务要求——如技术上的协助、延长包退包换期、一年或半年的维修、送货及取货等服务。你是否能提供这些服务中的任何一项,以增加你交易的价值呢?

第79讲
乔·吉拉德:服务、服务,还是服务

观点直读

乔·吉拉德:当我卖给你一辆车以后,我要做三件事:服务、服务,还是服务。

我无意告诉你该有怎样的理念,但我认为如果你想做一名出色的销售员,就必须努力向客户提供最佳的服务。我建议你坚信这个理念,在你的销售生涯中每天奉行不渝。如果你这么做,就能迈向成功。

服务是销售的延续

乔·吉拉德说:"我相信销售真正的开始是在成交之后,而不是之前。销售是连续的过程,成交之后仍要继续服务,成交既是本次销售活动的结束,又是下次销售活动的开始。"

案例链接

在卖车时,乔·吉拉德会向客户承诺:"我绝不会对这辆车置之不理。无论你何时何地需要我,我都会给你提供超乎想象的服务。"实际上,他也是这样做的。

所以,很多老客户常常会说:"乔,我来你这儿前已经转过好几家店了,但是我还是愿意到你这儿买,因为有一样东西别人无法提供给我,那就是你,乔。"

那么，乔·吉拉德是如何关照他的每一位客户的呢？

乔·吉拉德给每一个客户都建立了健全的档案，在档案中记录了客户的姓名、年龄、出生日期、相关爱好、收入水平、购车日期甚至是其他生活需求等信息，只要调出客户的档案，就能立即获得此客户的所有信息，也相当于乔·吉拉德本人记住了每一位客户。他每个月都会根据客户的档案，分别给他的一万多名客户寄去一张贺卡。

凡是在乔·吉拉德那里买了汽车的人，都能收到乔·吉拉德的贺卡，他们从此也就记住了乔·吉拉德。正因为乔·吉拉德没有忘记自己的客户，客户也就不会忘记乔·吉拉德，甚至因为业务上的往来，很多客户和乔·吉拉德成了朋友。

在成交之后，如果你能继续关心客户，就既能赢得老客户，又能吸引新客户。

正如乔·吉拉德说的："做好售后服务的好处是客户会继续和你做生意，也会给你介绍其他客户。如果你的服务好，当你从事销售工作两年以后，你的生意将有80%来自现有的客户。反之，你就无法建立稳固的客户群，也不会有良好的声誉。"

客户愿意为优质服务付费

很多客户喜欢优质服务并甘愿为此付费。一份调查报告显示，尽管一些注重服务的公司收取产品价格的10%作为服务费，但他们的市场占有率每年都能增长6%，而那些服务不佳的公司却每年损失两个百分点。

服务是让企业长青的关键

如果你仔细研究世界上的一些成功企业、百年老店，就会发现它们之所以能够持续发展、不断壮大、永葆长青，秘诀就在于服务。

IBM的巴克·罗杰斯说过一句话："销售与安装（产品）通常是连在一起的，不可能只有其一。除非安装完毕，否则绝对卖不出去；除非卖出去，否则不会完成安装。"IBM之所以能够成为世界一流的企业，正是因为它所秉持的这个经营理念。

服务的回报

"投之以桃，报之以李。"你只有把客户服务好了，他们才会给你创造更多的报酬。如果客户是你真正的朋友，在同等条件下，生意还能是别人的吗？正如乔·吉拉德说的，"让他们一想到和别人做生意就有罪恶感"。

所以，销售只是个开始，服务才是重点。记住每一位客户，关注每一位客户的需求并随时随地关心他们，给客户提供最好的产品和服务，并保持长久的联系。这是销售成功的法则。

误区警示

处理客户抱怨和异议的错误方式

以下这些处理异议的方式是错误的，请在销售中尽量避免：

1.只道歉，没有进一步行动。面对有异议的客户，只道歉，但是没有任何解释和弥补行动，是不能解决问题的。

2.把错误归咎到客户身上。"您一定弄错了"、"您应该早一点说，现在已经没有办法了"，这些都是不合适的回应方式。

3.承诺了却没有兑现。如果销售员满口承诺却一直没做到，客户会认为销售员说话不算话。

4.完全没反应。很多销售员对客户的异议不加理会，采取逃避的办法，这样根本解决不了问题。

5.粗鲁无礼。粗鲁地与有异议和抱怨的客户争执，结果导致客户更加愤怒。

6.逃避责任。不管客户是对产品有意见，还是对服务有意见，都抱着逃避责任的态度，说："这不是我的责任，我很愿意帮您，但这事不归我管。"

7.显出不耐烦的情绪。有时候，虽然销售员在听客户陈述，但时不时地皱眉头、东张西望、看手表，明显表现得不耐烦，他们觉得客户在浪费他们的时间，觉得自己还有更重要的事要做。虽然你没有把不耐烦说出来，但是这些举动所传递的信息再明显不过了。

第80讲
乔·甘道夫：和客户一起成长

观点直读

乔·甘道夫：我有义务为他们服务一辈子。

案例连接

有一次，乔·甘道夫把一张保额是5000美元、保费是每年24美元的保单卖给了一位将为人父的19岁的年轻人。后来，年轻人搬到了戴通纳海滩，与他的岳父合伙做生意。他的岳父是戴通纳赛车场的老板，也是美国最大的赛车制造商之一。虽然他去了异地，但乔·甘道夫与这位年轻人一直保持着密切的联系。

多年以后，这个年轻人继承了岳父的事业。他向乔·甘道夫购买了720万美元的人寿保险，每年的保费是16.8万美元。

事实上，无论是大客户还是小客户，他们都会在乔·甘道夫这里获得相同的服务。只要他们的保险依然有效，乔·甘道夫就会为他们服务，把关心他们的生活作为自己的义务和责任。

乔·甘道夫常常这样说："我有义务为他们服务一辈子。即使他们暂时不需要再买保险，我也依旧把他们当作自己一生的客户。"

乔·甘道夫认为，不要把目标总盯在大客户身上而忽视了小客户，要善于发现潜力股，因为客户总是在成长。

他说："年轻的销售员可以从开发年轻的客户开始，然后与他们一起成长。这是你发展业务的好机会。"

现在，乔·甘道夫已是数十家人寿保险公司的业务代表，他手上的客户遍布美国。他每年都要跟进每一个客户，与客户一同成长。

观点图解

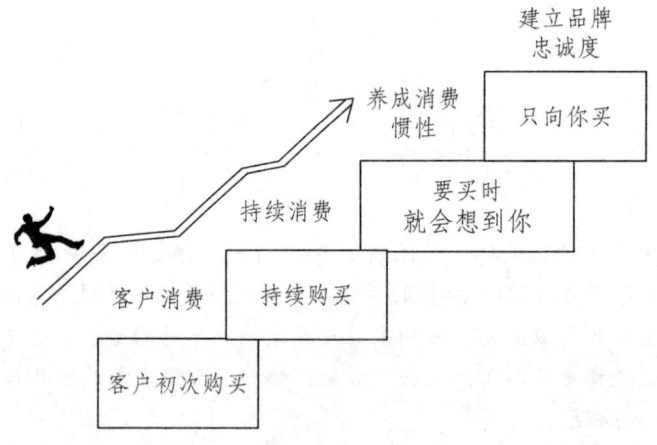

建立客户消费惯性

[阶段测试] 成交之后,你的工作是否做得到位?

做一做下面的测试题,检验一下你的售后服务工作做得是否到位。

1.成交后,你能及时跟进服务,履行成交前的承诺吗?
A.能,且经常与客户保持联系
B.偶尔去做
C.成交就算结束了

2.你会打电话与购买了产品的客户沟通,听取他们的反馈意见吗?
A.定期回访
B.偶尔打
C.从来不打

3.你关注老客户的需求的发展和变化吗?
A.经常关注

B. 偶尔会问一下

C. 从来没有关注过

4. 你觉得开发新客户比服务老客户更重要吗?

A. 我不这么认为

B. 说不清楚

C. 是的

5. 你认为与客户的联系越频繁越好吗?

A. 要有一定的度

B. 一定程度上是

C. 是的

6. 你会经常给客户打电话,让他们记得你吗?

A. 不会

B. 偶尔会

C. 会的,联系少了客户会忘记我

7. 你认为售后服务可以发现和减少客户的负面反馈吗?

A. 是的

B. 不一定

C. 发现不了任何问题

8. 你会主动去了解客户使用产品的情况吗?

A. 我会定期了解

B. 偶尔会问一下

C. 从来不问,怕客户找我麻烦

9. 对不同的客户，你认为服务的方式是否应因人而异呢？
A. 是的，不同的客户个性不同
B. 稍微调整一下就可以
C. 不用，一视同仁就可以

10. 你对客户进行分类管理吗？
A. 是的
B. 对于重点客户会这样做
C. 都是客户，没必要分类

评分标准：
A.5 分；B.3 分；C.0 分

结果分析：
· 超过 45 分：说明你的售后服务做得非常棒，请继续努力。
· 30~45 分：说明你在服务客户方面还存在某些不足，请自查弥补。
· 30 分以下：说明你的售后服务做得远远不够。